Yvonne Frenzel Ganz, Bianca Gueye, Annemarie Andina-Kernen (Hg.)
Unterwelt in Aufruhr

Das Anliegen der Buchreihe BIBLIOTHEK DER PSYCHOANALYSE besteht darin, ein Forum der Auseinandersetzung zu schaffen, das der Psychoanalyse als Grundlagenwissenschaft, als Human- und Kulturwissenschaft und als klinische Theorie und Praxis neue Impulse verleiht. Die verschiedenen Strömungen innerhalb der Psychoanalyse sollen zu Wort kommen, und der kritische Dialog mit den Nachbarwissenschaften soll intensiviert werden. Bislang haben sich folgende Themenschwerpunkte herauskristallisiert:

Die Wiederentdeckung lange vergriffener Klassiker der Psychoanalyse – wie beispielsweise der Werke von Otto Fenichel, Karl Abraham, W. R. D. Fairbairn, Sàndor Ferenczi und Otto Rank – soll die gemeinsamen Wurzeln der von Zersplitterung bedrohten psychoanalytischen Bewegung stärken. Einen weiteren Baustein psychoanalytischer Identität bildet die Beschäftigung mit dem Werk und der Person Sigmund Freuds und den Diskussionen und Konflikten in der Frühgeschichte der psychoanalytischen Bewegung.

Im Zuge ihrer Etablierung als medizinisch-psychologisches Heilverfahren hat die Psychoanalyse ihre geisteswissenschaftlichen, kulturanalytischen und politischen Ansätze vernachlässigt. Indem der Dialog mit den Nachbarwissenschaften wiederaufgenommen wird, soll das kultur- und gesellschaftskritische Erbe der Psychoanalyse wiederbelebt und weiterentwickelt werden.

Stärker als früher steht die Psychoanalyse in Konkurrenz zu benachbarten Psychotherapieverfahren und der biologischen Psychiatrie. Als das anspruchsvollste unter den psychotherapeutischen Verfahren sollte sich die Psychoanalyse der Überprüfung ihrer Verfahrensweisen und ihrer Therapie-Erfolge durch die empirischen Wissenschaften stellen, aber auch eigene Kriterien und Konzepte zur Erfolgskontrolle entwickeln. In diesen Zusammenhang gehört auch die Wiederaufnahme der Diskussion über den besonderen wissenschaftstheoretischen Status der Psychoanalyse.

Hundert Jahre nach ihrer Schöpfung durch Sigmund Freud sieht sich die Psychoanalyse vor neue Herausforderungen gestellt, die sie nur bewältigen kann, wenn sie sich auf ihr kritisches Potential besinnt.

BIBLIOTHEK DER PSYCHOANALYSE
HERAUSGEGEBEN VON HANS-JÜRGEN WIRTH

Yvonne Frenzel Ganz, Bianca Gueye,
Annemarie Andina-Kernen (Hg.)

Unterwelt in Aufruhr

Sigmund Freud zum 150. Geburtstag

Psychosozial-Verlag

SCHWEIZERISCHE GESELLSCHAFT FÜR PSYCHOANALYSE (Sgpsa)
FREUD-INSTITUT ZÜRICH

Bibliografische Information der Deutschen Nationalbibliothek
Die Deutsche Nationalbibliothek verzeichnet diese Publikation in der Deutschen Nationalbibliografie; detaillierte bibliografische Daten sind im Internet über <http://dnb.d-nb.de> abrufbar.

Originalausgabe
© 2007 Psychosozial-Verlag
E-Mail: info@psychosozial-verlag.de
www.psychosozial-verlag.de
Alle Rechte vorbehalten. Kein Teil des Werkes darf in irgendeiner Form (durch Fotografie, Mikrofilm oder andere Verfahren) ohne schriftliche Genehmigung des Verlages reproduziert oder unter Verwendung elektronischer Systeme verarbeitet, vervielfältigt oder verbreitet werden.
Umschlagabbildung: Jean Villard: »Passage fluo 1993«, Mischtechnik auf Baumwolle 145x135cm, © Jean Villard
Umschlaggestaltung nach Entwürfen des Ateliers Warminski, Büdingen.
ISBN 978-3-89806-581-8

Inhalt

Editorial — 7

Giovanni Vassalli
Einführung — 9

Betty Denzler
Der analytische Dritte als Garant des Rahmens:
Zwang und Schutz? — 17

Wolfgang Walz
Die Arbeit mit der Couch –
Zwischen Technik und Prozess der Psychoanalyse — 33

Dieter Bürgin
Ist das »Du« bereits ein »Wir«?
Anmerkungen zum Objektbegriff — 43

Wolfgang Roell
Zu Dieter Bürgins
»Anmerkungen zum Objektbegriff« — 69

Georges-Arthur Goldschmidt
Wenn eine Sprache ausfällt,
spricht ganz deutlich der Trieb — 77

Jacques Press
Trauma und Trieb — 91

May Widmer-Perrenoud
Außen gefesselt, innen zerfressen.
Verarbeitungsformen traumatischer Erfahrungen   109

Michel de M'Uzan
Auf dem Weg zu einer psychoanalytischen
psychosomatischen Nosografie   115

Charles Mendes de Leon
Nachnotizen zu Michel de M'Uzans »Nosografie«   131

Alexander Moser
Der Begriff der Spaltung –
Freuds zweite Kränkung der Menschheit   137

Eva Schmid-Gloor
Kränken und Erkranken –
weitere Überlegungen zum Begriff der Spaltung   153

Lucia Pinschewer-Häfliger
Schlusswort   161

Autoren und Autorinnen   165

Editorial

Sigmund Freuds Entdeckung der »talking cure« an der Schwelle zum 20. Jahrhundert war ein Glücksfall, denn sie wies völlig neue Wege in der Seelenbehandlung. Mit den vier Bausteinen Krankheitslehre, Theorie der Technik, Metapsychologie und Kulturtheorie legte Freud eine weit gefächerte Theorie der menschlichen Seele vor.

Von »Unterwelt in Aufruhr« spricht Freud in Anlehnung an Vergil auf dem Titelblatt der »Traumdeutung«. In diesem Bild verdichtet sich sein Gesamtwerk, denn Freud erhebt die unbewussten seelischen Vorgänge zum eigentlich Psychischen. Wie aus einer wild bewegten Unterwelt drängen die verborgenen Triebe an die Oberfläche – in das Bewusstsein – und müssen dort vom Ich kultiviert werden.

Die Psychoanalyse hat sich seit Mitte des letzten Jahrhunderts in der psychoanalytischen Gemeinschaft sowie in verschiedenen Sprach- und Kulturräumen vielfältig und kontrovers entwickelt. Heute beschäftigt sich die psychoanalytische Diskussion mit Fragen rund um die Behandlung vielfältiger, gemischter Krankheitsbilder. Die psychotherapeutische und ärztliche Versorgung sieht sich mit traumatisierten und psychosomatischen Patienten, narzisstischen und Borderline-Störungen konfrontiert, für deren Verständnis das Modell der Neurose nicht hinreicht. Die Psychoanalyse interessiert sich für Entstehung und Inhalt psychischer Leiden, weniger für detaillierte deskriptive Diagnosesysteme.

Die Psychoanalyse als Behandlungs- und Forschungsmethode wurde in der klinischen Praxis geboren. Die klinische Praxis war auch Basis der Theorie der Psychoanalyse, wie sie Freud in den rund fünfzig Jahren seiner Tätigkeit entwickelt hat. In der klinischen Praxis hatte die Theorie der Überprüfung standzuhalten – und so ist es auch heute noch.

Zur Feier des 150. Geburtstags von Sigmund Freud am 6. Mai 2006 hatte das Freud-Institut Zürich (FIZ), das Zürcher Ausbildungsinstitut der Schweizerischen Gesellschaft für Psychoanalyse (SGPsa), zum Symposium »Unterwelt in Aufruhr« eingeladen, um zur Auseinandersetzung mit Freuds reichem Vermächtnis anzuregen. Die im vorliegenden Band versammelten Beiträge sind für dieses zweitägige Symposium vom 5. und 6. Mai 2006 in Zürich entstanden.

Mit Blick auf die heute aktuellen Fragestellungen der klinischen Praxis wurden am Symposium »Unterwelt in Aufruhr« ausgewählte zentrale Konzepte der psychoanalytischen Theorie zur Diskussion gestellt. Aufgrund der deutsch-französischen Zweisprachigkeit der Schweizerischen Gesellschaft für Psychoanalyse liegt ein Akzent auf Beiträgen aus dem frankophonen Raum. Der vorliegende Band spiegelt die lebendige Diskussionskultur der SGPsa, dieser kleinen Zweiggesellschaft der Internationalen Psychoanalytischen Vereinigung (IPA).

Wir, die wir dieses Symposium für das Freud-Institut Zürich organisierten, freuen uns, dass von den dreizehn Autorinnen und Autoren zwölf in freier psychoanalytischer Praxis tätig sind. Der dreizehnte ist der Schriftsteller Georges-Arthur Goldschmidt; sein Festbeitrag würdigt Freud und die Psychoanalyse aus der Sicht des Übersetzers.

Wir danken allen Autorinnen und Autoren, dass sie ihr Einverständnis zur Publikation dieses Sammelbands gegeben haben. Die Reihenfolge der Beiträge folgt dem Ablauf des Symposiums.

Zürich, im Frühjahr 2007

Yvonne Frenzel Ganz   Bianca Gueye   Annemarie Andina-Kernen

Einführung
Giovanni Vassalli

Im letzten Jahrhundert vor unserer Zeitrechnung hat der Dichter Vergil ein Gründungsepos für das aufstrebende Reich der Römer geschrieben, die Aeneis. Dass bei einem solchen Unternehmen Götter wie Menschen, Mythologie und Geschichte gleicherweise in Szene gesetzt werden, war für die Dichter des Altertums selbstverständlich. Die Sage erzählt, dass Aeneas nach der Zerstörung Troias mit seinen Kriegsgenossen nach Westen floh und nach vielen Irrfahrten über Sizilien schließlich an der Tibermündung landete. Er erfüllte damit ein Schicksal, ein Fatum, das ihm Jupiter selbst verheißen hatte: die Gründung der Stadt Rom. Die Landnahme Latiums gestaltete sich jedoch nicht ohne den Widerstand der dort ansässigen Königreiche und deren Helfer. Die Göttin Juno selbst hetzt den Höllendämon Allecto aus der Unterwelt gegen Aeneas auf, um ihn zu vernichten. Sie, die Gattin Jupiters, die schon das Meer gegen den Eindringling in Wallung gebracht hatte, spricht erbittert die Drohung aus: »Flectere si nequeo superos, acheronta movebo.« – »Wenn ich den Himmel nicht umstimmen kann, so werde ich die Unterwelt in Aufruhr versetzen« (Freud 1900, S. 613).

Bekanntlich hat Sigmund Freud dieses Motto seinem wohl bedeutendsten Werk, der Traumdeutung, vorangestellt. Er wollte damit das Streben der verdrängten Triebregungen andeuten, die sich gegen ihre Beherrscher auflehnen. Im Stil und Sinn der mythologischen Sprache redet er vom Ungebändigten und Dämonischen in der menschlichen Seele, diesen »immer regen, sozusagen unsterblichen Wünschen unseres Unbewussten, welche an die Titanen der Sage erinnern, auf denen seit Urzeiten die schweren Gebirgsmassen lasten, die einst von den siegreichen Göttern auf sie gewälzt wurden und die unter den Zuckungen ihrer Glieder noch jetzt von Zeit zu Zeit erbeben« (Freud 1900, S. 559).

Dieses dramatische Geschehen hat Freud in der Seele des Menschen und näherhin im Traum entdeckt, welcher die Macht der Wünsche und zugleich die Verdrängungsarbeit offenkundig macht. Die mythologischen Erzählungen eines Vergil oder eines Sophokles waren für Freud nicht die Quellen seiner Erkenntnisse; sie stellten bloß älteste Ahnungen und Zeugnisse dar, deren psychische Wahrheit Freud mithilfe seiner Traumdeutung neu zu entdecken vermochte. Er hat die Triebe als mythische Wesen beschrieben, großartig in ihrer Unbestimmtheit. »Wir können«, sagt er, »in unserer Arbeit keinen Augenblick von ihnen absehen und sind dabei nie sicher, sie scharf zu sehen« (Freud 1932, S. 101). Dieser Unschärfe wegen sind die Triebe für die Biologie, die Psychiatrie und die meisten Psychologien von heute befremdlich, unnahbar und ihnen schließlich unbekannt geblieben. Von daher haben diese Wissensformen der Psychoanalyse immer wieder den bekannten Vorwurf der Inexaktheit und der Unwissenschaftlichkeit gemacht. Wenig Beachtung hat dementsprechend auch die Tatsache gefunden, dass Freud zur Erforschung dieses unbewussten Triebgeschehens eine spezifische neue Methode entwickeln musste. Ihre Entdeckung und Entwicklung ist etwas vom Wertvollsten und Spannendsten, was seine Schriften offenbaren. Ihr hat er schließlich den Namen »Psychoanalyse« gegeben.

Es ist merkwürdig, aber in diesem Zusammenhang muss man es sagen, denn bezüglich der Methode der Psychoanalyse wären die Analytiker beinahe selber blind geworden: Sie haben ungern zur Kenntnis genommen, dass das klassische Experiment – das wichtigste Instrument der Naturwissenschaft – für die Erforschung der unbewussten Wirklichkeit der Seele kaum tauglich ist. Freud war nüchtern genug, es auszusprechen: »Wir haben die technischen Mittel gefunden, um die Lücken unserer Bewusstseinsphänomene auszufüllen, deren wir uns also bedienen wie die Physiker des Experiments« (Freud 1940, S. 127). Diese Arbeit benennt Freud also mit dem heute beinahe unverständlich gewordenen Begriff der Technik. Mit ihr aber, verstanden jetzt als Kunsthandwerk, vermochte er den verborgenen Triebvorgängen im psychischen Leben auf die Spur zu kommen und damit zugleich eine neue Seelenbehandlung zu begründen.

Dass die Psychoanalyse über jede Statistik hinweg diese psychischen Kräfte erforschbar gemacht hat, sollte nicht gering geschätzt werden. Der unheimliche Aufruhr nämlich aus der Unterwelt der Seele hat nicht aufgehört, uns zu beschäftigen; im Gegenteil, er verrät sich heute nicht nur in den Symptomen neurotisch und psychotisch gestörter Menschen, sondern auch im weithin um sich greifenden Unbehagen unserer Kulturen, aus denen unberechenbare Gewalttätigkeiten ausbrechen, die uns im Prozess der zunehmenden Globalisierung immer deutlicher und alltäglich vor Augen stehen.

Die Organisatorinnen des Symposiums haben versucht, mit Bezug auf diesen mythischen und zugleich realen Untergrund des Triebgeschehens wesentliche Vorstellungen und Auffassungen der freudschen Psychoanalyse zur Sprache zu bringen. Aber auch einige bedeutsame Weiterentwicklungen dieser Disziplin über Freuds Tod hinaus sollten nicht unerwähnt bleiben. Sie haben dazu nicht allein auf Referenten des Zürcher Freud-Instituts zurückgegriffen, sondern auch Mitglieder der Schweizerischen Gesellschaft für Psychoanalyse sowie namhafte Autoren aus dem Ausland verpflichten können.

Die Durchsicht des Programms zeigt, dass verschiedene Themenkreise angesprochen werden. Der erste betrifft den so genannten Rahmen oder das Setting. Dieses ist in den analytischen Gemeinschaften historisch gesehen relativ spät erforscht worden, auch wenn es praktisch immer in Gebrauch war. Man hat es lange bloß vordergründig betrachtet, nämlich als eine Sammlung materieller Bestimmungen, die das analytische Geschehen von dem des öffentlichen Lebens in der Gesellschaft abgrenzen sollen. Diese Auffassung hat aber in den letzten Jahrzehnten eine Neubewertung erfahren. Das Setting stellt nichts weniger als die Bedingung der Möglichkeit unserer Arbeit dar und bleibt für den ganzen Verlauf der Analyse als ein wesentliches Moment unserer technischen Arbeit höchst bedeutsam. Die Rede von der Bedingung der Möglichkeit ist uns von Immanuel Kant her bekannt, der sie für das Erkennen überhaupt eingeführt hat. In Analogie dazu stellt das Setting die Bedingung für die Erforschung und Umwandlung unbewusster Vorgänge dar. Diese sind allerdings dem Philosophen von Königsberg, wie ganz allgemein der Welt der Philosophen, gänzlich unbekannt geblieben.

Ein zweiter Themenkreis befasst sich mit dem Begriff des Objekts in der Psychoanalyse. Man hat nicht zu Unrecht behauptet, dass Freud ihm nicht die weite Bedeutung gegeben hat, die er heute vor allem in der angelsächsischen Psychoanalyse gewonnen hat. Für ihn ist das Objekt zuerst das, was von einer Triebstrebung her eine Besetzung erfahren kann, das, woran die libidinösen Kräfte ihre Befriedigung finden. Insofern ist das Objekt nach der schönen Formulierung von André Green das, was den Trieb offenbart und diesen dadurch in einer erstaunlichen Vielfalt und Lebendigkeit vorweist. So ist er bereits präsent beim Gebrauch der körperlichen Organe, im Sehen und

Hören, und ist auch bei den höchsten geistigen Leistungen, den Sublimierungen, noch wirksam. In der zweiten Hälfte des 20. Jahrhunderts hat die Welt der Objekte einen beträchtlichen Zuwachs bekommen. Als die vielleicht wichtigsten sind die inneren Objekte nach Melanie Klein und die Übergangsobjekte nach Winnicott zu nennen.

Mit dem Beitrag von Georges-Arthur Goldschmidt wird ein drittes Thema eingebracht, nämlich die Beziehung des Triebs zur Sprache. Freud hat bereits 1890 die Worte als »das wesentliche Handwerkszeug der Seelenbehandlung« bezeichnet (Freud 1890, S. 289). Er wollte sogar der Sprache wieder jene frühere Zauberkraft zurückgeben, die in unseren alltäglichen Reden nur verblasst erscheint, wie er bemerkt. Als besonders bedeutsam anerkennt die Psychoanalyse in ihrem Vollzug jenes Sprechen, das sich in Einfällen niederschlägt, im Gegensatz zum logisch-rationalen Argumentieren. Lange Zeit aber ist die Bedeutung der Sprache für die Psychoanalyse wenig beachtet oder für gleichbedeutend mit der alltäglichen Sprache gehalten worden, bis Jacques Lacan 1953 in Rom gleichsam in ein Wespennest gestochen hat (Lacan 1966, S. 237). Heute sind, ausgelöst vom so genannten »linguistic turn«, die Zeitschriften voll von Erwägungen und Theorien über die Sprache in der Psychoanalyse. Man ist sich allerdings noch kaum darüber einig geworden, ob die Sprache in unserer Arbeit besser mithilfe von Vorstellungen aus der Linguistik, der Hermeneutik oder der Rhetorik begründet und verstanden werden soll. Man sieht hier besonders deutlich, dass die Forschungen der Psychoanalyse, insbesondere was ihre Epistemologie betrifft, noch keineswegs abgeschlossen sind.

Der Aufruhr aus der Unterwelt findet in weiteren drei Themenbereichen einen Niederschlag. Zuerst geht es um das psychische Trauma, auf das Sigmund Freud seit dem Beginn seiner Forschertätigkeit das Augenmerk richtete. Vergessen wir nicht, dass die Psychoanalyse überhaupt für die schwierige Erinnerungsarbeit geschaffen worden ist, um mit ihrer spezifischen Technik die unbewussten Ursprünge der seelischen Verletzungen aufzuspüren, die anders nicht zu haben sind. Noch in seiner letzten großen Arbeit über den Mann Moses hat Freud auf die infantile Amnesie hingewiesen, durch welche die sexuellen und aggressiven Eindrücke der ersten Kinderjahre oft völlig ins Vergessen abgedrängt wurden. Die Virulenz dieser frühen Eindrücke hat er, wie wir wissen, 1920 im Wiederholungszwang erneut erkannt (Freud 1920, S. 17). Um sie aufzuspüren, hat er noch in seinem Spätwerk den Begriff der Konstruktion einer neuen Interpretation unterworfen.

Was so beim Individuum wieder zum Vorschein kommen kann, hat er dann weiter ausgreifend auf die Urgeschichte der Menschheit übertragen. In Analogie zur Wiederkehr von längst vergessenen, traumatischen Vorgängen hat er den heute immer noch dunkel gebliebenen Begriff der historischen Wahrheit geprägt.

Autorisiert und gleichsam aus erster Hand erfahren die Leserinnen und Leser sodann einiges über die psychoanalytische Psychosomatik, wie sie von Michel de M'Uzan von der Pariser Gesellschaft und seinen Kollegen bereits 1963 in den »Investigations psychosomatiques« entwickelt wurde. Bekanntlich hat Freud 1894 mit der so genannten Angstneurose die Voraussetzungen dafür geschaffen. Die Psychoanalyse beschäftigt sich ja nicht einseitig intellektuell mit einer vom Körper abgehobenen und von ihm abstrahierten Seele. Diese ist vielmehr im Körper verankert, aus dem die Reize stammen, die als Arbeitsanforderung dem psychischen Apparat überantwortet werden. So lautet bekanntlich die Beschreibung des Triebs (Freud 1915, S. 214). Da diese spezifische Umarbeitung ins Psychische oft nicht ausreichend gelingt, sahen sich genauer beobachtende Analytiker vor die Aufgabe gestellt, eine erweiterte Krankheitslehre auszuarbeiten, die eben in der analytischen Psychosomatik ihren Niederschlag gefunden hat. Ihre Originalität ist deshalb bei uns so wenig bekannt, weil heute unter Psychosomatik leider alles und nichts verstanden werden kann.

Ein letztes Thema betrifft die Spaltung. Aus der Denkgeschichte wissen wir, mit welchem Anspruch und Stolz das Ideal der Einheit des Menschen behauptet wurde. Bis weit in die Neuzeit hinein betrachtete man den Menschen als ruhend in einer personalen Einheit, in der die Sinne und die Leidenschaften, der Wille und der Verstand wohltemperiert aufeinander abgestimmt waren. Aus ihr erwuchs dann als Krönung die Freiheit, durch die der Homo sapiens über sich und die Welt herrschen sollte. Auf dieses Gebilde hat Freud jedoch bereits 1895 einen Zweifel geworfen, als er begann, die Seele als »ein noch niemals dargestelltes Denkobjekt« zu veranschaulichen und es später im Paradigma eines psychischen Apparats umsetzte (Freud 1895, S. 295). Auf Grund seiner klinischen Forschungen erkannte er in diesem Apparat die Möglichkeiten tief greifender Konflikte zwischen den seelischen Instanzen. Selbst das in unserer Kultur so hoch geschätzte »Ich« erwies sich ihm als spaltbar, ein Vorgang, der das Gewissen analytisch verständlich machen konnte. In seinen letzten Lebensjahren hat er sich erneut mit den Phänomenen der Spaltung beschäftigt, diese übrigens nicht im gleichen Sinn definiert, wie es nach ihm die Klein'sche Schule getan hat. Der heutigen Klinik ist es ein Anliegen geblieben, die vielfältigen Erscheinungsformen der Spaltung deutlich zu machen und die darunter Leidenden nach Möglichkeit einer Behandlung zuzuführen, wodurch auch die Technik eine Erweiterung erfuhr.

Nun wird man vielleicht das Gefühl bekommen haben, dass bei all diesen Entdeckungen und Fortschritten die Psychoanalyse bestens in die Gesellschaft integriert ist und der allseitigen Ästimation sicher sein kann. Wir wissen aber, dass dies nicht der Fall ist. Einerseits lässt sich zwar eine heimliche, um nicht zu sagen verstohlene Bewunderung für die Psychoanalyse feststellen, da ihr Aufklärungspotenzial nicht geleugnet werden kann und ihr Vokabular in die alltägliche Sprache, nicht nur die psychologische, reichlich Eingang gefunden hat. Anderseits aber hegt man ihrem unheimlichen »Gegenstand«, dem Unbewussten, wie auch dem wissenschaftlichen Charakter ihrer Forschung gegenüber einen nachhaltigen Argwohn. Viele möchten sie am liebsten in der postmodernen Beliebigkeit aufgelöst sehen, einen Basar daraus machen, aus dem jeder das ihm Passende für seine eigene Praxis heimholen kann. So kommt man nicht darum herum, in der heutigen Gesellschaft eine tief sitzende Ambivalenz gegenüber der Psychoanalyse anzunehmen.

Es würde sich lohnen, den Gründen für diese Einstellung nachzugehen. Einen, vielleicht den bedeutsamsten Grund möchte ich doch erwähnen. Niemand nämlich weiß zu sagen, was die Seele in ihrem Grunde eigentlich ist. Tatsächlich kommt sie als fassbarer Gegenstand in der Denkgeschichte bereits seit der Aufklärung nicht mehr vor. Für Kant ist die Seele nur mehr eine »regulative Idee« ohne jeden Objektstatus. Für die heutige Naturwissenschaft ist sie kein Gegenstand mehr für *ihre* Art der Forschung. Es bleibt bestehen, was der Schriftsteller und Philosoph Pascal Mercier sagt: »Wenn es um die Seele geht, gibt es weniges, was wir in der Hand haben.« Die Seele hat sich aus unserer Welt zurückgezogen, oder besser gesagt, davongestohlen, als möchte sie ihr Geheimnis bewahren und sich nicht länger dem Messer der exakten Berechenbarkeit ausgeliefert sehen. Gerade das aber dürfte der Grund sein, weshalb überall und so viel über sie geredet und geschrieben wird, als sollte sie beschworen werden, doch wieder zurückzukehren. Wie aber, so fragt man sich dann, könnte sie in einer fast ausschließlich empirisch forschenden Welt heimisch werden?

So muss auffallen, dass die Psychoanalyse, die sich um die Seele sorgt, in unserer Zeit ein ähnliches Schicksal erfährt wie diese selbst. Freud hat ihre

Gefährdung geahnt, wenn er für die Beschreibung der Geschichte der psychoanalytischen Bewegung das Motto der Stadt Paris gewählt hat: »fluctuat nec mergitur« – sie schwimmt und versinkt nicht (Freud 1914, S. 44).

Literatur

De M'Uzan, Michel; Marty Pierre & David Christian (1963): L'investigation psychosomatique. Paris (Presses Universitaires de France).
Freud, Sigmund (1890): Psychische Behandlung (Seelenbehandlung), GW V. Frankfurt a. M. (Fischer) 1972.
Freud, Sigmund (1895): Zur Psychotherapie der Hysterie, GW I. Frankfurt a. M. (Fischer) 1972.
Freud, Sigmund (1900): Die Traumdeutung, GW II/III. Frankfurt a. M. (Fischer) 1972.
Freud, Sigmund (1914): Zur Geschichte der psychoanalytischen Bewegung, GW X. Frankfurt a. M. (Fischer) 1972.
Freud, Sigmund (1915): Triebe und Triebschicksale, GW X. Frankfurt a. M. (Fischer) 1972.
Freud, Sigmund (1920): Jenseits des Lustprinzips, GW XIII. Frankfurt a. M. (Fischer) 1972.
Freud, Sigmund (1932): Neue Folge der Vorlesungen zur Einführung in die Psychoanalyse, GW XV. Frankfurt a. M. (Fischer) 1972.
Freud, Sigmund (1940): Abriss der Psychoanalyse, GW XVII. Frankfurt a. M. (Fischer) 1972.
Lacan, Jacques (1953): Fonction et champs de la parole et du langage en psychanalyse, Ecrits. Paris (Seuil) 1966.
Mercier, Pascal (2004): Nachtzug nach Lissabon. München (Hanser).

Der analytische Dritte als Garant des Rahmens: Zwang und Schutz?

Betty Denzler

Ich möchte eine einleitende Bemerkung anbringen: Ich habe vor, über den analytischen Dritten zu schreiben; bei der Darlegung dieses Konzepts komme ich aber nicht umhin, auch das des Rahmens zu untersuchen. Freud spricht in der Tat nie über den analytischen Dritten, in Umrissen erscheint er aber in einigen seiner Schriften, insbesondere bei der Erörterung der Anordnung, die Freud für die psychoanalytische Kur wählt, das heißt bei der Festlegung dessen, was wir heute Rahmen nennen.

Vor Beginn der Analyse wird der Rahmen der Begegnung zwischen dem künftigen Analysanden und dem Analytiker in seinen konkreten Modalitäten definiert, und in der ersten Sitzung spricht der Analytiker die Grundregel für den Patienten aus: »Sagen Sie alles, was Ihnen durch den Kopf geht«. Der analytische Rahmen ist gesetzt und ändert sich dann nicht mehr.

Die Entwicklung des Konzepts des analytischen Rahmens – sowie seine Theoretisierung – ist eines der zahlreichen Beispiele für die Fruchtbarkeit des freudschen Werks für die nachfolgenden Analytikergenerationen. Erst in den Fünfzigerjahren wurde der analytische Rahmen in den Rang eines Konzepts erhoben. Zur gleichen Zeit nahm in den psychoanalytischen Forschungsarbeiten die Gegenübertragung an Bedeutung zu, was zur endgültigen Aufgabe der Vorstellung vom Analytiker als Spiegel der Psyche des Patienten führte. Freud selbst hat nie eine umfassende Theorie des Rahmens ausgearbeitet, aber dennoch war *er* es, der nicht nur die Anordnung von Couch und Sessel einführte, sondern auch all das, was für die Anwendung seiner Methode notwendig war – und ist: den Rahmen, innerhalb dessen die Methode Anwendung findet und mit dem sie eng verknüpft ist. In der Tat ist der analytische Rahmen zutiefst mit der psychoanalytischen Methode selbst verbunden, er ist eine logische Folgerung aus ihr. Ohne Respektierung des Rahmens kann Analyse nicht stattfinden.

Der analytische Rahmen ist viel mehr als nur eine bestimmte räumliche Anordnung von Couch und Sessel. Er grenzt einen Raum und eine Zeit ab, die mit der Zeit und dem Ort vergleichbar sind, an dem sich die klassischen Tragödien abspielten, eine Szene, auf der sich die inneren Konflikte abbilden, die Quellen psychischer Wirrungen. Die Kur ist eine wirkliche psychische Arbeit, die zu Vorstellungen führt.

Durch alle Schriften Freuds hindurch, insbesondere in den Texten zur Technik, deren wichtigste zwischen 1904 und 1919 veröffentlicht wurden, findet man eine Reihe von Überlegungen und Empfehlungen, anhand derer man eine auf sein Denken gegründete Theorie des Rahmens erarbeiten kann. In seinen »Studien über Hysterie« (1895) beschreibt er den Weg, den er ab 1890 dabei nimmt und in dessen Verlauf er sich dazu veranlasst sieht, eine ganze Reihe von technischen Änderungen in den von ihm durchgeführten Behandlungen vorzunehmen, bevor er zu der so genannten klassischen Form findet, die wir noch heute anwenden.

Zu Beginn seiner psychotherapeutischen Aktivität verwendet Freud die Hypnose – und also die Suggestion –, auf die er dann zugunsten der kathartischen Methode verzichtet, die anfangs von einem Druck der Hand auf die Stirn begleitet war, einer Geste, die er im weiteren Verlauf ebenfalls aufgab. Wie bei allem, was Freud erarbeitet, ist die klinische Erfahrung sein Ausgangspunkt. Der Verzicht auf die Hypnose war Freuds Folgerung aus wiederholten Rückfällen einiger Patienten, mehr noch aus der Weigerung anderer, sich hypnotisieren zu lassen. Freud zog daraus wesentliche Schlussfolgerungen, die es ihm ermöglichten, seine Vorgehensweise zu modifizieren und eine Theorie zu den psychischen Ereignissen zu erarbeiten, die einem solchen Widerstand zugrunde liegen. Er nimmt die Reaktionen seiner Patienten sehr ernst und lässt sich durch sie leiten – sie zeigen ihm den Weg an, der einzuschlagen ist. Wenn Frau Emmy von N. 1889 ausruft »Seien Sie still – reden Sie nichts – rühren Sie mich nicht an!« (1895, GW I, S. 100), nimmt er darauf Rücksicht. Und er verfährt in gleicher Weise, als sie ihm befiehlt, sie nicht zu unterbrechen, sie sprechen zu lassen. Man sieht, wie sich Schritt um Schritt ein grundlegendes Element abzeichnet: die freie Assoziation. Ihre Entsprechung aufseiten des Analytikers – die frei schwebende Aufmerksamkeit nämlich – wird erst später formuliert werden. So verschwindet die kathartische Methode nach und nach, um der freien Assoziation Platz zu machen. 1897 erklärt Freud Fließ, dass er einen Großteil seines Verständnisses der hysterischen Symptome Cäcilie M. verdankt, die mehrere Jahre zuvor bei ihm in Behandlung gewesen war. Er schreibt ihm: »Wenn du Cäcilie M. kenntest, würdest du keinen Moment zweifeln, dass nur dieses Weib meine Lehrmeisterin gewesen sein kann« (Freud 1897, 1986, S. 243).

Auf jede Änderung, die Freud an seiner Technik vornimmt, folgt ein Voranschreiten der Theorie. Im Jahre 1904 (GW V, S. 4–10) liefert er in dem Text »Die Freudsche psychoanalytische Methode« die Geschichte ihrer Entwicklung. Er beschreibt dort die Anordnung von Couch und Sessel und ihre Implikationen. Er spricht von sich selbst in der dritten Person: »Er behandelt gegenwärtig seine Kranken, indem er sie ohne andersartige Beeinflussung eine bequeme Rückenlage auf einem Ruhebett einnehmen lässt, während er selbst, ihrem Anblick entzogen, auf einem Stuhle hinter ihnen sitzt. Auch den Verschluss der Augen fordert er von ihnen nicht und vermeidet jede Berührung sowie jede andere Prozedur, die an Hypnose mahnen könnte. Eine solche Sitzung verläuft also wie ein Gespräch zwischen zwei gleich wachen Personen, von denen die eine sich jede Muskelanstrengung und jeden ablenkenden Sinneseindruck erspart, die sie in der Konzentration ihrer Aufmerksamkeit auf ihre eigene seelische Tätigkeit stören könnten« (GW V, S. 4–5). Dann folgt das Aussprechen der noch unvollständigen Grundregel, da deren Entsprechung für den Analytiker erst im Jahr 1912 formuliert wurde: »Er schärft ihnen [den Patienten] ein, alles mit zu sagen, was ihnen dabei durch den Kopf geht, auch wenn sie meinen, es sei unwichtig, oder es gehöre nicht dazu, oder es sei unsinnig« (GW V, S. 5–6).

Freud stellt dann die Entdeckungen dar, die dank dieser Vorgehensweise möglich wurden, wobei er beobachtet, dass bei der Erzählung von Erinnerungen Lücken auftreten; er erklärt dieses Phänomen durch Verdrängung und psychische Kräfte, die hier am Werk sind, insbesondere die des Widerstands. Schon im Jahre 1890 machte Freud im Text »Psychische Behandlung«, in Klammern als »Seelenbehandlung« bezeichnet, fast beiläufig eine Bemerkung, die jedoch im Zentrum der gesamten analytischen Theorie und Praxis steht. Im Kontext einer Darstellung der verschiedenen Behandlungsmittel pathologischer psychischer und *physischer* Zustände schreibt er: »Ein solches Mittel ist vor allem das Wort, und Worte sind auch das wesentliche Handwerkszeug der Seelenbehandlung« (GW V, S. 289). Ich denke, an diesem Satz lässt sich der revolutionäre Aspekt von Freuds Denkens ermessen.

Man kann sagen, dass von da an das gesamte Dispositiv zur Verfügung steht. Im Laufe der folgenden Jahre werden verschiedene theoretische Aspekte, die sich aus ihm ergeben, noch näher präzisiert. Unter den wichtigsten Veröffentlichungen – lässt man die Briefe als unerschöpfliche Quelle von Beiträgen zur Theorie der Technik beiseite – findet man im Jahre 1912 zunächst die »Ratschläge für den Arzt bei der psychoanalytischen Behandlung«, wo er besonderen Nachdruck auf die frei schwebende Aufmerksamkeit des Psychoanalytikers legt, die der freien Assoziation aufseiten des Patienten entspricht. Damit formuliert er das Gegenstück der Grundregel und das Fundament der psychoanalytischen Technik. In dieser Schrift empfiehlt er den Analytikern auch, während der Sitzungen keine Notizen zu machen, weil das ihre Aufmerksamkeit modifizieren könnte, die frei schwebend bleiben soll. Diese Ratschläge stützen sich auf sehr gewichtige theoretische Argumente. Ich möchte unterstreichen, dass die frei schwebende Aufmerksamkeit aufseiten des Analytikers eine Regression zur Folge hat, dank welcher Elemente aus seinem Unbewussten auftauchen können. Dieses Phänomen erschließt dem Patienten, aber auch dem Analytiker den Zugang zum Gedächtnis, zu Erinnerungsspuren, die bis dahin zutiefst in ihrem jeweiligen Unbewussten vergraben waren, ein Phänomen, das den Weg für eine neue Deutung der Vergangenheit eröffnet, hin zu einer Konstruktion, die dem Leben des Analysanden neuen Sinn verleiht.

Lucia Pinschewer hat einen sehr tief greifenden, noch nicht publizierten Text über die Forschungsfunktion des analytischen Paares geschrieben, Forschung, die auf Grund der Auswirkungen der Grundregel möglich ist. Sie zitiert eine selten beachtete Passage, in der Freud sagt: »Er [der Analytiker] soll dem gebenden Unbewussten des Kranken sein eigenes Unbewusstes als empfangendes Organ zuwenden, sich auf den Analysierten einstellen, wie der Receiver des Telefons zum Teller eingestellt ist« (GW VIII, S. 381). Ich möchte bei dieser Formulierung nicht länger verweilen, aber doch unterstreichen, dass sich in der Weiterführung dieser Konzeption ein sehr ausgedehntes Feld von Überlegungen zur Gegenübertragung sowie zum Funktionieren des Analytikers in der Sitzung erschloss. Diese Arbeiten stellen mit aller Entschiedenheit die große Wichtigkeit der persönlichen Analyse des Analytikers heraus. Ich werde auf die Tragweite zurückkommen, die der Zugang zu seinem eigenen Unbewussten für das Deutungsvermögen des Analytikers hat.

Aber kommen wir zu den Ratschlägen an den Arzt, die Freud formuliert hat. 1913 spricht er in dem ebenfalls sehr reichen Text »Zur Einleitung der

Behandlung« über die Indikationen und über sehr konkrete Probleme wie das Geld oder die Dauer der Kur. Es handelt sich hierbei um eine zentrale Schrift zur analytischen Technik und zum Rahmen, in dem sie sich entfaltet. Die »Bemerkungen über die Übertragungsliebe« (1915) steuern ihrerseits eine zentrale Überlegung zur Notwendigkeit der Abstinenzregel des Analytikers bei, deren Entsprechung aufseiten des Patienten nur implizit genannt wird. In diesem Text wird damit die Berufsethik deutlich formuliert: Der Analytiker darf seine Verantwortung nie aus den Augen verlieren.

Ich beende hiermit diese sehr kurze Zusammenfassung der Schriften, in denen sich das verstreut findet, was noch heute den Grundstock der Psychoanalyse und der Arbeiten zum analytischen Rahmen ausmacht. Ich möchte aber hinfügen, dass das, was hier dargelegt wurde, eine Leitlinie bleiben muss, selbst wenn es eine Idealposition ist, eine Richtschnur, von der man sich bemühen muss, nicht abzuweichen. In der Praxis mögen außergewöhnliche Situationen vielleicht eine Änderung erforderlich machen, aber ich möchte die Bedeutung dieses Modells als Bezugspunkt unterstreichen. Jede Veränderung des Rahmens kann in der Tat ernsthafte Schäden für die zwei Partner der Analyse nach sich ziehen und in gewissen Fällen sogar definitiv die Möglichkeit zerstören, eine wirklich analytische Arbeit fortzusetzen. Es kann darüber zu einem Abbruch der Analyse oder zu einer endlosen Analyse kommen oder – schlimmer noch – zu einer Umwandlung in eine außeranalytische Beziehung, die die psychischen Störungen des Analysanden und des Analytikers in einer perversen, tödlichen Wiederholung reproduzieren wird.

Nach Freud haben zahlreiche Autoren Forschungen zum Rahmen durchgeführt. Ich erwähne José Bleger, einen von Klein inspirierten argentinischen Analytiker, der im Jahr 1966 einen Artikel über Struktur und Funktion des Rahmens veröffentlicht hat, sowie Jean Laplanche (1987), René Roussillon (1992, 1995) und Jean-Luc Donnet (1995) als zeitgenössische französische Analytiker, deren Arbeiten zu diesem Thema sehr wichtig sind.

Freud spürt die Notwendigkeit, die Bedingungen der analytischen Arbeit genau zu definieren, und ich habe so großen Wert auf das Auftauchen des analytischen Rahmens in seinem Werk gelegt, weil auf jeder Etappe seiner Forschung, bei jeder Entdeckung sich die Vorstellung einer dritten Instanz abzeichnet, ohne dass sie ausdrücklich so benannt wird. Sie ist spezifisch mit der analytischen Situation und dem Rahmen verbunden, in den sie eingeschrieben ist. Den Begriff des Dritten findet man in den »Gesammelten

Werken« nur ein einziges Mal, und zwar zur Bezeichnung des Vaters (GW VIII, S. 67). Führt man sich einige wesentliche Etappen auf dem Weg, den Freud zurücklegt, wieder vor Augen – etwa zu vermeiden, den Patienten zu berühren (1905), oder den Wünschen des Analysanden (1915), der sich in einer Abhängigkeitssituation befindet, nicht nachzugeben –, sieht man die Vorstellung der Abstinenz auftauchen. Da die Abhängigkeit durch die Regression und die dadurch geförderte analytische Übertragung erzeugt wird, darf sie keinesfalls missbraucht werden. Hier muss man auch an die Macht des Wortes erinnern – das Wort ist das *wesentliche* Werkzeug der Kur (1905) – sowie an die Grundregel, dass der Analysand alles, was ihm durch den Kopf geht, sagen sollte – eine Aufforderung, die der Patient, ob man es will oder nicht, zweifellos hört als ein »Tun Sie nichts anderes ...« All das beruht auf Verboten, Regeln, die die Existenz einer Instanz vermuten lassen, der beide unterworfen sind, eines Gesetzes, das nicht mehr den einen oder den anderen der Protagonisten betrifft, sondern eben beide, und das ihren Austausch regelt – man könnte sagen: reglementiert. Diese Instanz ist also etwas Drittes, und beide beteiligten Parteien müssen sie respektieren. Jeder Verstoß gegen dieses Gesetz wird Folgen haben, und Verstöße dagegen müssen, wenn sie vom Patienten kommen, analysiert werden. Was den Analytiker betrifft, so hat er – idealerweise – keinerlei Recht auf einen Verstoß. Sollte es aber dennoch einmal zu einem Verstoß kommen, muss er Thema seiner persönlichen Analyse oder seiner Selbstanalyse werden.

Da die Verkörperung dieses Gesetzes der Rahmen ist, spürt der Analysand am Rahmen die Auswirkungen der Regeln, die von dieser dritten Instanz diktiert sind. Und er wird versuchen, sie zu verletzen, denn sie begrenzen die Möglichkeiten zur Befriedigung seiner unbewussten kindlichen Wünsche, die durch die Regression, die sich in der Übertragung vollzieht, geweckt und wiederbelebt werden. Der Rahmen ist der Ort der Grenzen, er verkörpert sie, und er symbolisiert gleichzeitig die Gesetze, welche die sozialen und familiären Strukturen vom Anfang des Lebens an regeln.

Der Rahmen ist also ein Symbol, ein Symbol mit vielfältigen Aspekten. Er repräsentiert vor allem die Grenze zwischen Innen und Außen, zwischen der äußeren und der inneren Realität, was heißt: der psychischen Realität des Patienten. Außerdem symbolisiert er einen Behälter (Container) der analytischen Situation wie auch die Nötigungen der Realität und aller Verbote der Gesellschaft. Dies alles ist letztlich im Inzestverbot verdichtet und symbolisiert. Der Analysand ist bei seinem Versuch, die Grenzen des Rahmens zu übertreten, darauf aus, etwas vom Analytiker zu bekommen, eine Komplizenschaft, deren Ziel eine Überschreitung der Regel ist, wodurch er seine Wünsche gegenüber dem Analytiker zum Ausdruck bringt und verrät. Diese stammen aus der Übertragung der inzestuösen Wünsche auf den Analytiker, Wünsche, die früher gegenüber den primären Objekten – den ersten Liebesobjekten – empfunden worden waren.

Aber der Rahmen ist nicht nur ein Symbol, er ist auch ein Raum zur Symbolisierung, er symbolisiert die Symbolisierung. Man kann sagen, dass in der Analyse auf Grund der Regression, die die analytische Situation provoziert, eine Desymbolisierung stattfindet, gefolgt von einer Resymbolisierung mit neuen Inhalten, die dem aktuellen Leben des Analysanden angemessener sind. Die Symbolisierungsfähigkeit ihrerseits hängt vom psychischen Vorstellungsniveau ab. Die psychische Vorstellung ist für alle mentalen Aktivitäten determinierend und hängt von dem Ausmaß ab, in dem Spannungen und Frustrationen ertragen werden können. Um eine Vorstellung zu ermöglichen, ist es demnach erforderlich, einen Raum und eine Zeit entstehen zu lassen, in denen der Analysand einen »Vorstellungszwang« verspürt, wie Jean-Claude Rolland (1997) es nannte. Mangelnde Toleranz gegenüber Spannungen und Frustrationen steht – neben zahlreichen anderen Faktoren natürlich – an der Quelle der meisten psychischen Störungen. Die Verbote der analytischen Situation fördern die Vorstellungsfunktion, da sie den Patienten zwingen zu warten und die Frustration seiner Wünsche auszuhalten, die nun auf den Analytiker konzentriert sind. Der Rahmen übt *in fine* also eine symbolisierende Aktivität aus.

Wir haben gesehen, dass auch der Analytiker die absolute Pflicht hat, sich dem Rahmen unterzuordnen, nachdem er ihn eingesetzt hat. Seine Rolle beschränkt sich aber nicht darauf, das Gesetz zu respektieren. Denn er ist dessen Wächter, er ist der Garant der Ethik der Kur. Die Abstinenz des Analytikers in seiner Beziehung zum Patienten symbolisiert also das Tabu, die Inzestschranke, das heißt das Gesetz, dem beide Protagonisten unterworfen sind. Die Nichtbeachtung dieses Gesetzes durch den Analytiker kann für den Analysanden verhängnisvolle Folgen haben, so wie der Inzest psychotisierende Auswirkungen haben kann. Dieser Verbotsaspekt ist also nicht nur zwingend, sondern auch schützend und von daher beruhigend. Wen schützt er? Den Analysanden, wie man eben gesehen hat, aber auch den Analytiker. Er hilft dabei, dem Ruf der »Sirenen der Übertragung« standzuhalten, wenn die Übertragung sehr »heiß« wird, und beispielsweise gegenüber einem Patienten, der sich masochistisch anbietet, nicht zum sadistischen Folterer oder gegenüber einem tiefen narzisstischen Rückzug seitens des Analysanden nicht extrem frustrierend zu werden. Der Patient braucht einen soliden Deich, um die extreme Erregung einzudämmen, das Überborden, zu dem es in der analytischen Situation in Momenten starker Regression kommen könnte, oder wenn sein Realitätssinn brüchig wird. Er könnte eine solche Situation als sehr bedrohlich empfinden – weil verführerisch oder sogar auffordernd. In der Tat wird durch die analytische Situation selbst in größerem Umfang Erregung induziert, eine Erregung, die paradoxerweise mit mehreren Elementen, die den Rahmen ausmachen, zu tun hat, insbesondere mit der durch ihn erzeugten Frustration, weil sich das Objekt, auf das die kindlichen Wünsche übertragen werden, entzieht und keinen der auf diesem Wege geweckten Wünsche befriedigt.

Man kann also sagen, dass der Rahmen die Funktion eines Dritten ausübt, eines verbietenden und schützenden Dritten, und so eine trianguläre Beziehung zwischen Analytiker und Analysiertem gewährleistet, die die Protagonisten daran hindert, gemeinsam zu regredieren und sich in eine rein duale Beziehung einzulassen, eine wahre »Verrücktheit zu zweit«, eine »folie à deux«. Man erkennt darin die Rolle des Gewissens, des Über-Ichs.

Ich habe somit das Konzept des Dritten eingeführt, genauer gesagt: des analytischen Dritten. Dieses Konzept ist als Konzept noch jünger als das des Rahmens. Thomas Ogden, ein amerikanischer Analytiker, hat diesen Begriff, scheint es, zum ersten Mal verwendet, um damit einen Dritten zu bezeichnen, der aus der Begegnung von zwei Subjektivitäten im analytischen Raum entstehen würde. In den letzten Jahrzehnten haben mehrere französische Autoren dieses Konzept weiterentwickelt, insbesondere André Green (1972), der von einer »Funktion« spricht, »die ein drittes Element einführt«, ein Konzept, das er in zahlreichen Schriften ausgearbeitet hat. Ich kenne leider die spezifische Literatur zu diesem Thema in anderen Sprachen nicht. In französischer Sprache erschien vor kurzem eine Nummer der »Revue Française de Psychanalyse«, die ganz dem Thema »Le tiers analytique« gewidmet war.

Ich möchte hier aber die Rolle der Zahl drei in der Psychoanalyse stark betonen, und dies von ihrem Ursprung her. Die Drei ist das Symbol des Ödipus und steht im Zentrum der gesamten freudschen Vision der menschlichen Seele. Ödipus ist der Träger der Ur-Fantasien, und er ist auch die Struktur, ohne die das psychische Leben nicht entstehen und nicht fortbestehen könnte.

Das Bedürfnis, die Frage des Dritten genauer einzukreisen, geht ganz sicher auf die zunehmende Bedeutung der Zahl der so genannten »Borderline«-Patienten zurück, während die neurotischen Patienten anscheinend immer seltener werden. Es kann in diesem Beitrag nicht auf die vielfältigen Gründe für diese Veränderung eingegangen werden. Aber es ist klar: Anstatt die Methode zu ändern oder auf Medikamente zurückzugreifen, versuchen die Analytiker, die psychoanalytische Methode dahingehend weiterzuentwickeln, dass sie mit diesen neuen Patienten besser arbeiten können.

Statt auf die eine oder andere Überlegung dieses oder jenes Autors genauestens eingehen, versuche ich lieber, die verschiedenen Facetten dieses Dritten darzulegen. Diese Facetten sind sehr zahlreich, und sie ändern sich je nach der Abstraktionsfähigkeit, dem Entwicklungsstand, den Lebensabschnitten – vom Kind zum Erwachsenen – oder je nach den verschiedenen klinischen Bildern.

Wie wir vorhin gesehen haben, konnte man die Wichtigkeit des Dritten und seiner Wächterrolle bereits aus Freuds allerersten Arbeiten zum Installieren der analytischen Situation erahnen. Später beschrieb er explizit die Bedeutung der Funktion des Vaters – eine der grundlegenden Entdeckungen Freuds – als Ursprung des Über-Ichs, des Gewissens. Das Über-Ich, das für das Leben in Gesellschaft unentbehrlich ist, ermöglicht es dem Kind, den Ödipus-Komplex aufzulösen. Obwohl man in keinem der Texte Freuds das Konzept des Dritten so findet, wie ich es in diesem Beitrag konzeptualisiert habe, ist es doch in seinem gesamten Werk präsent. Wie bereits gesagt, gründet die ganze Theorie des psychischen Funktionierens in der Tat auf den Vorstellungen, und diese hängen eng mit der Symbolisierungsfunktion zusammen. Die Symbolisierung entsteht nun aber in der psychischen Arbeit, die erforderlich ist, um die Abwesenheit des Objekts ertragen zu können. Das Denken entsteht im Mangel, und Leid drängt das Kind dazu, Vorstellungen zu kreieren. Die Vorstellung vom abwesenden Objekt reicht allerdings nicht aus, um die Symbolisierung möglich zu machen. In der Tat steckt das Kind in einer Dualbeziehung mit seiner Mutter, mit der es identifiziert ist. Es kann nur eine Beziehung zwischen zwei für sein Erleben noch ungetrennten Wesen realisieren, deren eines nicht das Symbol des anderen ist, sondern ein Äquivalent, wie Hanna Segal (1957) es unter dem Begriff der »symbolischen Gleichung« beschrieben hat. Erforderlich ist, dass ein Anderer, der anders ist, interveniert. Dieser unterschiedliche Andere ist der Vater, dessen Existenz das Kind schon ahnt, selbst wenn es diese Erfahrung noch nicht klar denken und in Sprache formulieren kann. Nur dank der Vorstellung – die anfangs vielleicht vage ist – eines Dritten, des Vaters, wird sich dem Kind ein dreidimensionaler Raum eröffnen, in dem Symbolisierungsphänomene Platz einnehmen können, bei denen die repräsentierten Objekte voneinander differenziert sind.

Freud siedelt den Beginn des Ödipus-Komplexes zwar um das Alter von drei Jahren herum an, aber heute ist man der Meinung, dass der Einfluss der Präsenz des Vaters viel früher einsetzt als zu Zeiten Freuds, wo die Kinder in die Domäne der Frauen gehörten. André Green zum Beispiel erklärt, dass der Vater von Beginn an im Kopf der Mutter existiere, was allerdings nicht bedeutet, dass der ödipale Konflikt damit bereits aktiv wäre. Wenn man heute im Allgemeinen eine solch frühe Präsenz des Vaters beim Kind annimmt, sollte man jedoch nicht aus den Augen verlieren, dass Vater und Mutter anfangs nur *ein* Objekt bilden, und vor allem, dass die Differenzierung der beiden Geschlechter erst später entsteht. Die Entdeckung des Geschlechtsunterschieds ermöglicht die Durcharbeitung des Ödipus-Komplexes im engeren Sinn, in einem Stadium also, in dem die Eltern deutlich voneinander differenziert sind und das Kind folglich mit beiden eine getrennte und zueinander im Widerspruch stehende Beziehung hat. Hier also wird der Dritte klar definiert. Wenn alles gut geht, wird die Existenz des Vaters als Dritter durch die Präsenz eines realen Vaters – oder eines Vatersubstituts – konkret. Das Kind wird zwei Objekte besetzen, bei denen es nicht allein im Mittelpunkt des Interesses steht und wodurch sich der ödipale Konflikt gestalten kann. Die Funktion des Dritten ist also für viele psychische Entwicklungen verantwortlich, insbesondere für die Ausarbeitung der psychischen Vorstellungen und für die Fähigkeit, die Realität zu erkennen und die von ihr geforderten Kompromisse einzugehen. Im Weiteren spielt die Funktion des Dritten eine Rolle beim Verzicht auf die Befriedigung der infantilen Wünsche, seien sie narzisstischer oder objektaler Natur.

In dem Maße, in dem das Subjekt über Trauerarbeit und all die erforderlichen Identifizierungen und komplexen Transformationen an Autonomie gegenüber seinen äußeren Objekten gewinnt, wird der Dritte, der dem gleichen Weg folgt, zu einer Instanz mit vielerlei Facetten. Sein wichtigster Repräsentant wird das Über-Ich. Ich muss präzisieren, dass ich der Einfachheit halber von dem spreche, was man ein neurotisches Subjekt nennt, das als Grundlage für jede analytische Reflexion dient, selbst für Überlegungen, die die heutigen Patienten betreffen, die sehr oft Störungen eher narzisstischer Art aufweisen.

Während der Kur gewinnt der Über-Ich-Aspekt des Dritten an Gewicht, wenn die Regression gefährlich wird und nicht mehr »im Dienste des Ichs« erfolgt. Diese Rolle wird durch das Wort des Analytikers übernommen, wobei die Deutung die Verarbeitung der psychischen Konflikte ermöglichen sollte, die das gute Funktionieren der dritten Instanz – des verbietenden wie schützenden Über-Ichs – beeinträchtigen. Der Dritte spricht im Namen des väterlichen Gesetzes, aber auch im Namen der Gesetze, die das psychische Funktionieren bestimmen, und im Namen der Realität. So ist es zum Beispiel der Analytiker, der die Sitzung beendet, wodurch die Zeit der äußeren Realität wieder zu ihrem Recht kommt – eine Realität, der Analysand wie Analytiker unterliegen, auch wenn Ersterer zu Beginn der Analyse darin oft einen Beweis für die ungerechte Macht des Analytikers sieht.

Ich möchte auf die psychische Vorstellung eines Vater-Dritten am Lebensanfang des Subjekts zurückkommen, um mit Nachdruck zu unterstreichen, dass dieser Dritte seine Existenz nur durch seine Abwesenheit spüren lässt, auf die wiederum durch die Abwesenheiten der Mutter hingewiesen wird, die ihre Aufmerksamkeit vom Kind abzieht, um sich einem Anderen zuzuwenden. Denise Braunschweig und Michel Fain (1975) haben diesen Moment »die Zensur der Liebhaberin«, »la censure de l'amante«, genannt. Das Kind fühlt sich von der Liebesbeziehung seiner Eltern ebenso ausgeschlossen, wie der Vater in den Augen des Kindes zeitweise ausgeschlossen sein kann. Ich möchte an dieser Stelle die Bedeutung des Unterschieds zwischen Abwesenheit und Nichtexistenz unterstreichen, der offensichtlich Auswirkungen auf das Verständnis der verschiedenen klinischen Konstellationen hat. Wenn das Subjekt die Bedeutung des Vaters verdrängt, sie leugnet, nachdem es eine Vorstellung von ihm gebildet hatte, kann man annehmen, dass sich ein analysierbarer Ödipus-Komplex entfalten konnte. Die Verleugnung der Existenz des Vaters kann dagegen eine viel schwerer wiegende Pathologie nach sich ziehen. Es geht hier selbstverständlich – daran möchte ich erinnern – um Phänomene psychischer Repräsentanz – unabhängig von der realen Präsenz der Objekte. Ich kann in diesem Zusammenhang kurz einen Analysanden erwähnen, der mir tagaus tagein Fantasien über seinen Vater vortrug und ein sehr strenges Über-Ich entwickelt hatte. Nur war der Vater dieses Analysanden aber bereits verstorben, als seine Mutter im dritten Monate mit dem Patienten schwanger gewesen war. Der von der Mutter übrigens nie erwähnte Vater wohnte also in diesem Mann in Form einer ständigen fantasmatischen und unheimlichen Präsenz.

Es scheint paradox, von einem Dritten in der Psychoanalyse zu sprechen, da in der analytischen Situation die konkrete Beziehung zwischen Analysand und Analytiker eine Beziehung zwischen zwei realen Personen ist; eine Zweierbeziehung, die an die frühe Beziehung des Kindes zu seiner Mutter erinnert. Aber diese Dualbeziehung ist in gewisser Weise durch den Rahmen »temperiert«, der als Dritter fungiert. Wie oben erwähnt, ist er der Wächter der Ethik der Kur, der Analytiker und Analysand vor der Illusion einer symbiotischen Beziehung schützt und das väterliche Gesetz repräsentiert.

Die Präsenz des Dritten wird sich in der Deutungsaktivität des Analytikers bemerkbar machen, der sich dabei in gewisser Weise verdoppelt. Es gibt einerseits den Analytiker, wie ihn der Analysand in seinen Projektionen erlebt, und anderseits den Analytiker, der deutet. Es ist, als ob drei Personen im Spiel wären: der Analysand, der Analytiker, wie er in der Übertragung erlebt wird, und der deutende Analytiker, der nur von seinem Wort Gebrauch macht. So wird das Wort selbst zum Vertreter des Dritten. Auf Grund des impliziten Ausschlusses der motorischen Funktionen und der Berührungen zwischen den Protagonisten der Kur stellt das Wort, das als einziges erlaubt ist, die Verbindungen zwischen den Partnern der Analyse her. Zugleich errichtet es aber auch eine Distanz zwischen beiden, und zwar durch den Abstand zwischen dem, was den Diskursen beider jeweils zugrunde liegt. Der Analysand spricht eine Sprache, deren tiefere Bedeutung er nicht kennt, während der Analytiker dem Analysanden eine Botschaft übermittelt, die von ihm, dem Analytiker, selbst leicht weggerückt. Es baut sich zwischen ihnen eine sowohl reale als auch illusionäre Objektbeziehung auf, da der Diskurs des Patienten sich nicht nur an den Analytiker richtet, sondern – ohne es zu wissen – auch an einen Abwesenden, an eines seiner ersten frühen Objekte: die väterliche oder mütterliche Imago. Das eben Gesagte soll zum Ausdruck bringen, dass der oder das Dritte kein starrer Begriff ist. Man denkt nur allzu gern, dass der Dritte der Vater *ist*, was auf die Verdinglichung eines sehr reichen, lebendigen Konzepts hinauslaufen würde, das zur psychischen Welt gehört, zur Welt der Vorstellung. Vielleicht wäre die Bezeichnung »Präsenz von etwas Drittem« (»présence tierce«) besser?

Der Aspekt, dass der Analytiker zu zwei Figuren wird, kann auf verschiedene Art ausgedrückt werden. Michel de M'Uzan (1978) hat einem seiner Artikel die Überschrift »La bouche de l'inconscient« – »Der Mund des Unbewussten« – gegeben, die auch zum Titel eines seiner Bücher wurde. Er trägt darin die später von zahlreichen Autoren aufgenommene Hypothese vor, der Analytiker spreche zuweilen direkt aus seinem Unbewussten oder von dessen Grenzen aus, wobei die Deutung dann ganz unerwartet und auch ihn selbst überraschend aus ihm heraussprudle. Ich denke, man kann sagen, dass sich in solchen Momenten das sich ihm selbst und in ihm Fremde ausgedrückt hat. Dieses Fremde, unser Unbewusstes, ist ein Anderer, eine dritte Figur. Mehrere Analytiker haben in etwas anderen Begriffen eine ähnliche Idee formuliert. Es ist dies eine Erfahrung, die vom Analytiker die Fähigkeit verlangt, in Gegenwart seines Patienten hinreichend regredieren zu können, und insbesondere seinem eigenen Unbewussten gegenüber offen zu sein, sich von den Assoziationen seines Patienten passiv penetrieren zu lassen, aber auch von seinen eigenen Assoziationen. So kann das Dritte im analytischen Raum verschiedene Formen annehmen, und es kann von verschiedenen Orten aus und auf verschiedenen Ebenen sprechen.

Bevor ich zum Schluss komme, möchte ich einen letzten Aspekt des analytischen Dritten erwähnen, den vielleicht wichtigsten, denn er ist geradezu das Symbol für die Situation des ödipalen Kindes. Es handelt sich um das, was während der Analyse entsteht: Gedanken, Emotionen, zuweilen Bruchstücke von Erinnerungen, ungewohnte neue Bilder, die in beiden Partnern als Folge der Begegnung dieser zwei Subjekte auftauchen. Es kommt dort zu einer Art Befruchtung und zur Entstehung eines neuen Produkts, das weder vom Analytiker noch vom Analysanden allein hätte kommen können. Aus dieser Perspektive betrachtet, ist das Dritte etwas Gedachtes, eine Transformation bei beiden Subjekten der Analyse, das Ergebnis ihres Zusammentreffens. Es handelt sich also um einen kreativen Prozess. Ich denke in diesem Zusammenhang natürlich an die Chimäre von Michel de M'Uzan, dessen Denken zusammenzufassen ich mir hier nicht erlaube; ich möchte aber einige Zeilen aus seinem Artikel »La bouche de l'inconscient« zitieren: »Der Analysierte und sein Analytiker bilden auch eine Art von neuem Organismus, in gewisser Weise ein Monstrum, eine *psychologische Chimäre*, die ihre eigenen Funktions-Modalitäten hat. Gerade durch die Natur der Bedingungen ihrer Begegnung haben Analysierter und Analytiker, ohne es zu wissen, ein phantastisches Kind zur Welt gebracht« (S. 93).

Diese schöpferischen Phänomene können auch an das Übergangsobjekt Winnicotts (1951) denken lassen, sofern man nicht aus den Augen verliert, dass das Übergangsobjekt nicht der Stoffteddybär an sich ist und er seinen Status als psychisches Objekt nur durch das erwirbt, was er repräsentiert:

etwas von der abwesenden Mutter, aber auch etwas vom Kind und die gemeinsame Erschaffung eines dritten Objekts. Es ermöglicht dem Kind, die Abwesenheit der Mutter auszuhalten, und trennt das Kind gleichzeitig ein Stück weit von ihr ab, wodurch es eine gewisse Triangulierungsfunktion (»fonction tiercisante«) ausübt. Die psychische Vorstellung eines Dritten als Stütze der eigenen Identität zeichnet sich im Laufe des Prozesses der Trennung von Subjekt und Objekt in der Tat nur Schritt um Schritt ab. Die Vorstellung von einem Doppelgänger des Subjekts ist ein Vorläufer des Objekts als Anderem, es ist der Ansatz eines Anderen, aber noch nicht wirklich ein Anderer.

An diesem Punkt angelangt, muss man feststellen, dass das Konzept des Dritten ganz klar vielfältig ist, was darauf hinweist, dass das Dritte weder eine Sache noch ein einzigartiges psychisches Objekt ist, sondern ein Konzept, das verschiedenen Abstraktions- und Vorstellungsebenen entspricht. All diese Vorstellungen haben aber dennoch eine gemeinsame Funktion: die triangulierende Funktion der Trennung von zwei Subjekten, die bis dahin nicht voneinander geschieden waren, und damit eine lebenswichtige Funktion für das Individuum in seinem Prozess der Autonomisierung und Subjektwerdung.

Zum Abschluss möchte ich eine Frage aufgreifen, die mir beim Schreiben dieses Textes mehr als einmal in den Sinn gekommen ist. Was wird aus dem Erbe, das Freud uns hinterlassen hat, in einer Umwelt werden, die sich grundlegend verändert hat? Etliche sagen den Tod der Psychoanalyse voraus, und zwar die Gleichen, die oft bestimmte grundlegende Konzepte der freudschen Theorie verwenden, um so genannte »neue« Formen von Psychotherapie zu begründen. In Wirklichkeit sind dies Psychotherapien, wie sie vor den Entdeckungen Freuds praktiziert wurden: Sie berücksichtigen oder kennen das Konzept des Unbewussten nicht. Dieses Unbewusste, das so beunruhigend ist, wenn man es nicht kennt, ist aber Quelle des psychischen Lebens. Um fortzubestehen, muss die Psychoanalyse ihre Entwicklung fortsetzen und neue Konzepte erarbeiten, mit denen die Klinik von heute verstanden werden kann. Alles, was man sagen kann, ist, dass die Psychoanalyse nach wie vor sehr lebendig ist, wie die unzähligen Veranstaltungen in der ganzen Welt, mit denen das ganze Jahr 2006 hindurch Freuds 150. Geburtstag gefeiert wird, belegen.

(Aus dem Französischen übersetzt von Eike Wolff, Brüssel, und überarbeitet von der Autorin)

Literatur

Bleger, José (1967): Psychanalyse du cadre analytique, franz. Übersetzung (1979). In: Kaës, René (2004): Crise, rupture et dépassement, Paris (Dunod), S. 257–276.
Braunschweig, Denise; Fain, Michel (1975): La nuit, le jour. Paris (Presses Universitaires de France).
Donnet, Jean-Luc (1995): Le divan bien tempéré, Paris (Presses Universitaires de France).
Freud, Sigmund (1890): Die psychische Behandlung (Seelenbehandlung). GW V, S. 287–315.
Freud, Sigmund (1895): Studien über Hysterie. GW I, S. 75–312.
Freud, Sigmund (1897): Briefe an Fliess. Masson, Jeffrey Moussaieff (Hg.) Frankfurt a. M. (Fischer Verlag), 1986, S. 243.
Freud, Sigmund. (1904): Die freudsche psychoanalytische Methode. GW V, S. 1–10.
Freud, Sigmund (1912): Ratschläge für den Arzt bei der psychoanalytischen Behandlung. GW VIII, S. 375–387.
Freud, Sigmund (1913): Zur Einleitung der Behandlung. GW VIII, S. 453–478.
Freud, Sigmund (1915): Bemerkungen über Übertragungsliebe. GW X, S. 305–321.
Green, André (1975): The Analyst, Symbolization and Absence in the Analytic Setting. In: Green, André (1986): On Private Madness. London (The Hogarth Press), S. 30–59.
Laplanche, Jean (1987): Le baquet, transcendance du transfert. Paris (Presses Universitaires de France).
M'Uzan, Michel de (1978): La bouche de l'inconscient. Nouvelle Revue de Psychanalyse, 17, Printemps 1978. Paris (Gallimard).
Odgen, Thomas (1994): The analytic third: working with intersubjective clinical facts. Internat. J. Psycho-Anal., 75, 3–20.
Revue française de psychanalyse (2005): Le tiers analytique. RFP, 3. Paris (Presses Universitaires de France).
Rolland, Jean-Claude (1997): Le rythme et la raison. In: Le temps en analyse Paris, Revue Française de psychanalyse, 5, 1589–1635.
Roussillon, René (1992): Du baquet de Messmer au »baquet« de S. Freud. Paris (Presses Universitaires de France).
Segal, Hanna (1957): Notes on symbol formation. Internat. J. Psycho-Anal., 38, 391–397.
Winnicott, Donald W. (1951): Transitional Objects and Transitional Phenomena. In: Collected Papers, Through Paediatrics to Psycho-Analysis, London (Tavistock Publications), S. 229–242.

Die Arbeit mit der Couch –
zwischen Technik
und Prozess der Psychoanalyse

Wolfgang Walz

»Psychoanalyse ermöglicht die Freiheit zu denken« (Segal 2006)

An Freuds Geburtstag zu erinnern heißt, den großen Ernst zu würdigen, mit dem Freud sich der Erforschung der menschlichen Psyche zugewandt hat. Betty Denzlers Beitrag »Der Dritte als Garant des Rahmens: Zwang und Schutz?« hat mich sehr angeregt, aber auch mit dem ganzen Ernst der analytischen Situation konfrontiert und auch etwas eingeschüchtert.

Zum »Zwang und Schutz« des analytischen Rahmens würde ich gerne etwas Drittes hinzufügen: nämlich dass dieser auch einen Freiraum und einen Spielraum gewähren soll, den es notfalls zu verteidigen gilt. Ist Freiheit aber eine psychoanalytische Kategorie? Kann man als Psychoanalytiker überhaupt einen Zugang zur Psychoanalyse und einen Zugang zu diesem verflixten Rahmen empfehlen, ohne eine Grenze zu verletzen? Von einem freien Zugang zu seiner eigenen Methode hat Freud nicht gesprochen, sondern darüber nachgedacht, wie dieser regulär gestaltet werden, ja sogar überwacht werden kann, ohne dass der notwendige Freiraum im analytischen Rahmen verloren geht. »Solche Schwierigkeiten«, schreibt Franz Kafka (1935) in seinem Text »Vor dem Gesetz«, »hat der Mann vom Lande nicht erwartet. Das Gesetz soll doch jedem und immer zugänglich sein, dachte er«, und blieb ein Leben lang vor der offenen Tür zum Gesetz sitzen, nachdem der Türhüter gemeint hatte: »Es ist möglich. Jetzt aber nicht.« Er solle nur ruhig versuchen, trotzdem hineinzugehen, dann würde er auf viele weitere Türwächter stoßen, »einer mächtiger als der andere. Schon den Anblick des Dritten kann nicht einmal ich mehr ertragen.« Von Peter Blos wissen wir aus seinem Buch »Sohn und Vater« (1985), dass Kafka lebenslänglich seinen Vater vergeblich gebeten hatte, einer Heirat zuzustimmen: Es ist möglich. Jetzt aber nicht. Franz schrieb dem Vater viele Liebesbriefe. Er konnte ihn nicht hassen oder zumindest konnte er ihm seinen Hass nicht zeigen. Der Anblick des Dritten scheint nicht leicht zu ertragen zu sein, wenn man einen Zugang wünscht.

Angesichts der Schwierigkeit, seinen Zuhörern einen Zugang zur Psychoanalyse zu zeigen, spricht Freud in »Die analytische Therapie« (1917) darüber, dass er als Schüler Bernheims angefangen habe und dessen suggestive Methode, obzwar einfach, leichtgängig und kurz, schließlich verlassen habe, weil es ihm zu langweilig gewesen sei, immer dasselbe Zeremoniell wie ein Handlanger eines anderen auszuführen. Er ergänzt: »Am Dritten fehlte es« (S. 467), womit er das fehlende Interesse der Patienten an ihrer Behandlung meinte. Freud nahm sich also das Recht, über die bernheimschen Regeln hinauszugehen, weil er keine Lust hatte, unter seinen und seiner Patienten Möglichkeiten zu bleiben. Hingegen erhob er den Anspruch, dass seine Regeln einzuhalten seien, auch wenn man »zu anderen Ergebnissen als den meinigen gelangt« (Freud 1914). Ein paradoxer Ansatz, möchte ich meinen.

Auch für Winnicott (Davis, Wallbridge 1981) gehörte das Paradoxe zwischen Zwang, Schutz und Freiheit wesentlich zur Lebendigkeit der analytischen Situation. Ich füge noch einige weitere Paradoxa der Psychoanalyse hinzu: Winnicott meint, die Erfahrung von Freiheit sei essentiell. Sie sei aber nur dann möglich, wenn der Rahmen sich als so stabil erweise, dass Lust und Hass in diesem Rahmen und gegen denselben intensiv erlebbar würden, das heißt, wenn der Rahmen und alle Beteiligten die Intensität der dann frei werdenden Triebimpulse überleben. Er fand gar, das Objekt müsse innerpsychisch zerstört werden können und überleben, um brauchbar zu werden (Winnicott 1971). Der Zwang, die Grenzen anzuerkennen und sich seine eigenen Gedanken machen zu müssen, sowie der Schutz vor Überforderung bekommen so ihren Sinn als konstituierende Elemente von schöpferischer Freiheit. Oder wie der Dichter Robert Gernhardt (2006) neulich sagte: »Jedesmal wenn ich zu schreiben beginne, frage ich mich, nach welchem Gesetz trete ich an.« Er entwickelt zuerst eine Vorstellung von der poetischen Form, die seinem Drang Sinn gibt, und dann schreibt er in diesem Rahmen.

Betty Denzler zeigt in ihrem Beitrag, dass bei der psychoanalytische Methode durch und seit Freud eine anhaltende Entwicklung zu verzeichnen ist; dies trotz oder gerade wegen ihrer Konstanz. Ich formuliere ein weiteres

Paradoxon: Die psychoanalytische Methode hat sich entwickelt, weil sie unverändert angewandt wird. Indem Denzler das Leitthema des »Dritten« einführt und sukzessive in immer wieder neuen Varianten wiederkehren lässt, verweist sie die Leser auf die stets neuen Perspektiven, die dieser Rahmen ermöglicht, ohne dass sie seinem freudschen Schatten entkommen; so manchen ärgert schon der Schatten dieses Dritten.

Wir sehen nun die von Anfang an inhärente psychisierende Funktion des analytischen Rahmens, also seine die Generierung autonomer psychischer Funktionen im Selbst intendierende Wirkung. Wir müssen das nicht sehen, wir können es sehen! Freud schreibt in »Zukunft einer Illusion« (1927): »Konstanz liegt am Bodensee, wer's nicht glaubt fahr hin und seh.« Er sei dort gewesen. Sein Erstaunen darüber, dass es wirklich dort liegt, habe ihn an sein Erstaunen auf der Akropolis erinnert, als er von dort das Meer sah: Das gibt es also wirklich, was wir in der Schule gelernt haben? Aber wie funktioniert das genauer? »Die Antwort ist eines der großen Geheimnisse des Lebens«, schreiben Mark Solms und Karen Kaplan (2000) in »Neuroanatomie des psychischen Apparates«.

Dazu fällt mir aus der Arbeit mit der Couch folgender Traum ein: »Ich betrete Ihre Praxis, die aber ein dreckiger Stall ist. Mir fällt auf, dass die Kuh nicht mehr da ist, ihre Box ist leer, doch ganz hinten in einer dunklen Box sehe ich ein kleines Kalb Rücken an Rücken mit einem großen Stier liegen. Sofort wende ich mich ab und gehe hinaus. Aber das Kalb folgt mir, schaut mich mit großen Augen an und sagt: Wir wissen, dass Du uns gesehen hast.«

Nun, wo ich so nah am Ursprung der Geschichte zu sein scheine, lese ich in der Zeitung unter Überschriften wie »Die Hirnforschung hält uns weiter in Atem«, der Hirnforscher Gerhard Roth meine, das Gehirn empfange lediglich Schallwellen und schließe nur auf Bedeutungen, die deshalb gar nicht übertragen, sondern in jedem Gehirn neu erzeugt würden. Auch der freie Wille sei nichts als eine Illusion, heißt es da und dort. Nächstes Jahr wolle Herr Roth die Frage, ob die Analyse auf der Couch etwas bewirke, aufklären. Er werde mit bildgebenden Verfahren eine Live-Analyse im Kernspingerät darstellen. Das wäre doch nicht schlecht für den freien Zugang zum Unbewussten, oder? Vielleicht können wir ja bald Analysen »live« im Frühstücksfernsehen verfolgen? Vielleicht sollten wir uns gar mehr um Übertragungsrechte als um Übertragung kümmern?

Selbstverständlich finde ich die neueren neurologiewissenschaftlichen Untersuchungsmethoden sehr wertvoll. Wir dürfen wichtige neuropsychologische Erkenntnisse auch für uns erwarten, bestimmt auch die eine oder andere Bestätigung unserer Konzepte, die wir seit Freud aus der Verarbeitung unbewusster psychischer Vorgänge in der analytischen Situation gewonnen haben. Auch bin ich der Meinung, dass es größter Anstrengungen durch die psychoanalytische Gemeinschaft bedarf, Wege zu finden, die es uns ermöglichen, die Interpretation der zu erwartenden Befunde nicht nur den Neurologen und Hirnforschern zu überlassen; denn diese werden für ihre »Neuentdeckungen« ein wissenschaftliches Monopol beanspruchen und sie als einzig »richtige Interpretation« betrachten. An anderer Stelle werde ich darauf zurückkommen (Walz 2006).

Heute geht es mir zunächst um den Anspruch eines unbegrenzten nichtanalytischen Zugangs zur analytischen Situation, wobei ich vor allem die ahistorische Vorgehensweise der Hirnforscher bedenklich finde, die in ihrem Tun nicht im Geringsten durch die Fehler der eigenen Fachgeschichte angekränkelt zu sein scheinen.

In einem Brief vom 22. Dezember 1945 schrieb Winnicott (1987) an das »British Medical Journal« anlässlich der damals sprunghaft zunehmenden Elektroschocks und Leukotomien, die zu großen wissenschaftlichen Erwartungen führten, ihm sei klar, dass es richtig sei, die Forschung zu Psychologie und Psychiatrie voranzutreiben und auf eine wissenschaftliche Grundlage zu stellen. Aber welche Garantie hätten wir, dass uns künftig unser intaktes Gehirn und die Freiheit unserer Fantasie belassen werde oder einem politischen Gefangenen erlaubt werde, seine Überzeugungen und sein Gehirn zu behalten? Er fährt fort: »Eine neue ›Habeas-Korpus-Akte‹ ist heute nötig, ein ›Habeas Cerebrum‹ und zwar schleunigst.« Gegen Karl den II. hatte das Parlament 1679 ein Verbot durchgesetzt, Gefangene ins Ausland zu verfrachten, um sie dort, außerhalb des Geltungsbereichs der Gesetze und der Kontrolle durch das Parlament, gesetzlich untersagten Behandlungen zu unterziehen.

Nun könnte man sagen, wir leben heute in Rechtsstaaten und es wäre verrückt, an so etwas auch nur zu denken. Nur ist die Verdrängung einer erneuten Gefahr – oder sollte man besser sagen: die Gefahr einer erneuten Verdrängung – infolge rigider Verwissenschaftlichung nicht von der Hand zu weisen.

Eine Darstellung dessen, was in einer Analyse geschieht, wird im Kernspin nicht herauskommen. Mark Solms, dem man wissenschaftliche Bemühungen nicht absprechen kann, sagt dazu: »Wir wollen eine zusätzliche Perspektive von etwas gewinnen, was nie wirklich direkt zugänglich sein wird« (S. 236). Das hieße aber doch, ein wissenschaftlicher Einblick in die duale Situation stößt auf dasselbe Paradoxon, auf das Betty Denzler in ihrem Beitrag hinweist. Die inhärente Wirkung von etwas Drittem hängt davon ab, dass etwas nicht anwesend, sondern abwesend ist, also keinen direkten Zugang erzwingt. Buchholz (2006) verweist auf empirische Studien, die belegen, dass es unverzichtbar ist, dem Patienten die Wahl zu lassen, zu welchem Therapeuten er gehen will, statt ihn zufallsbedingt zuzuweisen. Die Behandlung ist von äußeren Einflüssen möglichst frei zu halten, nur dann bleibt der Erfolg nachgewiesenermaßen in langen Katamnesezeiträumen stabil. In diesem Sinne verstehe ich Freud (S. 211), wenn er in der »Laienanalyse« schreibt: »Die analytische Situation verträgt keinen Dritten.«

Hören wir nochmals etwas Couchgeflüster. Nach langen Jahren, in denen ein Mensch den analytischen Raum in Beschlag nahm und meine Worte nur wie Schallwellen am Strand seines Gehirns versandet schienen, sagte er in einer Stunde des Rückblicks auf seine neu entdeckten Elternbilder seufzend: »Ach ja, wir waren so ein schönes Paar, wir drei.« Ich will erst gar nicht versuchen, das Paradox des Dritten in der dualen analytischen Situation besser zu formulieren. Nachdem er des Öfteren bildhafte Vorstellungen von uns beiden wie aus der höheren Perspektive eines Dritten vor seinem inneren Auge gehabt habe, sei ihm plötzlich klar geworden, dass er die ersten Jahre geglaubt habe, ich hätte all diese Regeln erfunden. Die Vorstellung eines bislang unerkannten inhärenten Dritten setzte bei ihm nochmals eine nachträgliche Neubearbeitung in Gang. Auch er spürt nun leider immer wieder den Schatten des Dritten und gewisser obskurer Gesetze und unbefriedigender Regeln.

Nun noch ein paar Gedanken zu einem anderen Aspekt der Technik, nämlich dem der Theorie der Therapie, zu dem Freud (1986) Fliess gegenüber meinte, von dem, was in der Psychoanalyse wirklich geschehe, könne man eben nur durch Hörensagen erfahren. Handelt es sich beim technischen Aspekt der regelhaften Methodenanwendung um den theoretischen Kern der Technik, an dem sich, wie oben dargelegt, nur wenig geändert hat, hat sich die therapeutische Technik der Psychoanalyse auf verwirrende und gegensätzliche Art und Weise vervielfältigt. Damit will ich mich einem weiteren Paradox der Psychoanalyse, demjenigen der Technik, annähern. Warum kann man Technik nicht »live« zeigen, außer in der Abwesenheit wie in der Supervision? Was ist ein analytischer Prozess und warum ist er nicht im Kernspin darstellbar? Womit ich nicht sagen will, dass sich die Analytiker selber in dieser Frage je auf eine Auffassung hätten einigen können (Schachter 2006). Gibt es etwas zwischen Technik und Prozess und wie könnte man sich das vorstellen?

Die einen sagen mit Freud, wenn der Rahmen der Methode eingehalten werde, komme der Prozess, das Übertragungsgeschehen, von alleine in Gang. Der Analytiker kann sich, wie Freud schon im »Abriss der Psychoanalyse« (1938) darlegt, darauf beschränken, mittels seines Wahrnehmungsapparates und »mit Hilfe der Lücke im Psychischen das Ausgelassene durch nahe liegende Schlussfolgerungen zu ergänzen und es in bewusstes Material zu übersetzen.«

Die anderen sagen, wie der Analytiker wirke, sei wesentlich für den Prozess im Patienten und es sei daher auch eine Frage seiner Technik, wie er das innerlich und durch die Gestaltung der Rahmensituation bewirke; wie er in diesem Feld der »Psychisierung« dazu beitragen könne, dass diese »Lücke« sich auftun kann und die potentiellen inneren Transformationsprozesse in Gang kommen. Wie kann man sich das vorstellen, was mit »Psychisierung« mittels des analytischen Rahmens gemeint ist?

Ich kann in dieser kurzen Zeit nicht wirklich vertiefend darauf eingehen, nur versuchen, diesen Ansatz etwas zu erläutern. Betty Denzler hebt unter anderem die Bedeutung der Vorstellungen und der Verbalisierung als Basis der psychoanalytischen Arbeit hervor. Mit dem Begriff der »Psychisierung« wird versucht, das, was dem vorausgeht oder eben auch nicht, zu konzeptionalisieren. Gewisse Patienten haben Schwierigkeiten, ihr Erleben in der analytischen Situation einzubringen und sich verbal auszudrücken, Wir wissen das natürlich schon länger und es gibt ja auch andere Therapieansätze, im so genannten präverbalen Bereich therapeutisch wirksam zu werden. Auch in der Analyse findet in diesem Bereich immer schon psychische Arbeit statt. Aber vor dem Hintergrund der Erkenntnisse derjenigen Analytiker, die sich in den letzten Jahren vermehrt und insbesondere mit psychosomatischen und mit traumatisierten Patienten beschäftigt haben, lassen sich diese Erfahrungen mittlerweile besser mit dem Konzept der so genannten »Psychisierung« verstehen und technisch hinsichtlich der Handhabung der analytischen Rahmenfunktion umsetzen. Dies auch mit Hilfe eines Wiederaufnehmens früher Überlegungen Freuds zum psychischen Funktionieren, etwa aus dem »Entwurf einer Psychologie«, die sich nunmehr, auch im Lichte neuester neurowissenschaftlicher Erkenntnisse, neu verstehen und gebrauchen lassen. Es geht um die unbewussten Prozesse, von denen Solms sagt, dass sie am Übergang zwischen somatisch-neuronaler Eintragung von Wahrnehmungen und der Herausbildung von erstmaligen psychischen Vorstellungen und deren Verbalisierbarkeit angesiedelt seien. Ich denke, dass Jacques Press uns in seinem Beitrag mehr zu diesem Thema sagen kann.

Aber auf eine andere Frage möchte ich an dieser Stelle kurz eingehen: Wie steht es mit der analytischen Behandelbarkeit von Borderline-Patienten oder anderen schwerer gestörten Patienten? Ich meine, die diagnostische Einordnung hängt immer auch vom Umfeld oder vom Rahmen ab, innerhalb dessen sie vorgenommen wird. So bedeutet diese Diagnose in einem stationären Rahmen etwas anderes, als wenn sie in einem ambulanten analytischen Rahmen erhoben wird, auch im Hinblick auf die Analysierbarkeit und die therapeutische Technik. Damit will ich sagen, es wird immer Menschen geben, bei denen die Psychoanalyse trotz aller Fortschritte in der Arbeit mit schwierigen Patienten als Methode und mit ihren technischen Möglichkeiten an ihre Grenzen kommt. Es gibt Menschen, die noch etwas anderes brauchen, etwa einen stationären Rahmen, der im Grunde genommen die Halt gebenden und bedürfnisbefriedigenden, das heißt noch nicht psychisierten Aspekte real enthält, anbietet und versucht, für das Subjekt sukzessive therapeutisch brauchbar zu machen. So werden innerpsychische Voraussetzungen für psychisches Erleben erst geschaffen, die in diesem Stadium durch keine noch so angemessene Technik des Übersetzens von Bedürfnissen in psychisches Erleben im Rahmen des ambulanten analytischen Settings kompensiert werden können. Daher würde ich sagen, dass zum Verständnis dieser unterschiedlichen Rahmenfunktionen das Konzept der »Psychisierung« hilfreich sein kann. Wenn wir hinter der Couch zum Beispiel sehen können, dass ein destruktives Agieren möglicherweise auch Ausdruck einer motorisch-szenischen Abfuhr von bislang nicht psychisierbaren und daher eben nicht innerpsychisch verarbeitbaren »Eintragungen« von Affekten usw. sein kann, finden wir vielleicht auch im analytischen Setting einen anderen Zugang zur Kommunikation darüber. Manchmal kommt so in der analytischen Situation ein Veränderungsprozess in Gang und die Arbeit mit der Couch erweist sich doch als brauchbar und technisch nutzbar. Dasselbe gilt meines Erachtens für bestimmte somatische Symptome oder auch für halluzinatorische Vorkommnisse, die durch die Arbeit mit der Couch ausgelöst werden können und oft zu schnell zum Aufsitzen und zur Vorstellung der Unanalysierbarkeit führen.

Zusammenfassend bleibt festzuhalten: Beide genannten Theorien der Technik, einerseits die »klassische« Freudsche Technik, die auf der Voraussetzung der Verbalisierbarkeit dessen, was in der »Lücke« vorstellbar wird, beruht, sowie anderseits diejenige, welche die Transformationsprozesse bislang nicht »psychisierter« Eintragungen zu beschreiben versucht, sind aus naturwissenschaftlicher Sicht natürlich unbefriedigend, da sie mit deren Erkenntnismitteln nicht überprüfbar sind – womit wir wieder beim Hörensagen Freuds gelandet wären. Oder um das paradoxale Element der therapeutischen Technik mit einem an Fritz Morgenthaler (1977) angelehnten Satz zu benennen: Gerade dieses Unbefriedigende ist ein immanenter Bestandteil der psychoanalytischen Technik.

Das was man sich als zwischen Technik und Prozess angelegt vorstellen könnte, nämlich was sich im Analytiker oder im Analysanden oder zwischen den beiden vom Unbewussten zu bewussten, verbalisierbaren Vorstellungen transformiert, können wir nur nachträglich und unvollständig mitteilen und so versuchen zu erläutern, wie wir verstehen, warum oder wie wir etwas technisch gemacht haben. So lässt sich die analytische Praxis im ursprünglichen etymologischen Wortsinn als Erprobung der eigenen Gedanken in der Wirklichkeit und die analytische Technik als tätige Auseinandersetzung mit der Wirklichkeit in der analytischen Situation verstehen. Die daraus gewonnen Erfahrungen können flechtend und webend (verwandt, lat. tessere) zu einem Text gemacht werden, in dessen Zwischenräumen das Unzugängliche weiter wirkt.

Eines der ungeschriebenen Gesetze für Psychoanalytiker scheint zu sein, allenfalls beiläufig zu erwähnen, dass wir mit der Couch arbeiten. Natürlich bin auch ich der Ansicht, dass die Bedeutung der Couch weit über ihre materielle Präsenz im Raum hinausgeht und dass unser wichtigstes Werkzeug das Wort ist. Brauchen wir also über die materielle Wirkung der Couch, die den Körper der Analysanden zur Gänze aufnimmt und entfaltet, und darüber, dass wir damit ein Mittel einführen, dessen Wirkung neuropsychologisch gesehen tatsächlich enorm ist, nicht weiter zu reden? Honni soit qui mal y pense?

Seit den Tagen, als Freud Bernheims Bücher »Die Suggestion und ihre Heilwirkung« (1888) und »Neue Studien über Hypnotismus, Suggestion und Psychotherapie« (1892) übersetzte und damit im deutschen Sprachraum den Beginn der Tabuüberschreitung markierte, nämlich die psychotherapeutische Anwendung der von Charcot nachgewiesenen psychodynamischen Vorgänge, geht es um die Frage, ob und wie der Untersucher auf die Auslösung dieser psychischen Vorgänge Einfluss nehmen darf. Charcot war es gerade um den Beweis des Gegenteils gegangen, nämlich dass die psychischen Phänomene, die der Hypnose zu Grunde liegen, völlig ohne Zutun von Menschen wissenschaftlich nachweisbar sind. Er versuchte daher, seine öffentlichen Experimente durch Nutzung von Maschinen unter bestmöglichem Ausschluss menschlicher Einwirkung zu vervollkommnen. Freud, der Übersetzer, trägt Mitverantwortung, dass es dabei nicht blieb – bislang, muss man ja heute wohl hinzufügen. Die Metamorphose des öffentlichen wissenschaftlichen Experimentes zur Psychotherapie in den ersten Privatpraxen vollzog sich zunächst mittels hypnotischer Gruppenbehandlungen (Mayer 2003), in denen der Therapeut möglichst nie alleine mit einer liegenden Person in einem Raum war. Doch leider führte dies nicht zu den wünschenswerten Ergebnissen und schon gar nicht zu freiwilliger Inanspruchnahme von Behandlungen seitens freier Bürger. Diese kamen nur unter der Bedingung, dass es nicht öffentlich zuging, nur das interessierte sie. Ein unverändert fundamentaler Anspruch, fürchte ich, der die Entdeckung der Psychoanalyse durch Freud ermöglichte. So blieb das Dilemma der Einzelbehandlung unter Ausschluss Dritter übrig, und die von Freud formulierten, diesem Dilemma immanenten Gesetze.

Allein mit dem Patienten in einem Raum nutzen wir, durch den Rahmen der Regeln Freuds geschützt, die spezifische neuropsychologische Wirkung des Liegens auf dem Rücken und die Kraft der Übertragung und der übertragungsfördernden Bedeutung des Settings als eines psychischen Raumes. Wir tun dies unter Ausschluss der visuellen Wahrnehmung des Analytikers und unter Akzentuierung des körperlichen Fühlens, Sprechens und des Hörens unter Abwesenheit von Überwachung.

Aber erklärt dies etwa, weshalb die Arbeit mit der Couch so wenig Gegenstand psychoanalytischer Untersuchungen geworden ist? Dies hat sich seit dem ersten Buch eines Analytikers (Stern 1978), in dem das Phänomen benannt wird, dass die Couch als wichtiges psychoanalytisches Werkzeug nicht wissenschaftlich untersucht werde, nicht wirklich geändert. Stern spricht daher vom Paradox der Couch. Scheinbar steht die Couch symbolisch unbestritten für die Psychoanalyse und für das Unbewusste der Menschen, auch wenn diese von der Freudschen psychoanalytischen Methode und ihrem Unbewussten nichts wissen wollen. Ein weiteres paradoxes Phänomen scheint mir zu sein, dass der seit hundert Jahren angreifbare Freud sich – im winnicottschen Sinn – sogar für seine Gegner ständig neu als brauchbar erweist: Sie bestreiten die Brauchbarkeit der Psychoanalyse, sprechen ihr sogar die Existenz ab, und begründen ihre eigenen »Entdeckungen« auf ihren Angriffen.

So taugt die Couch sowohl als Schibboleth, als Erkennungszeichen der Psychoanalyse, das ihre Vertreter und Gegner voneinander scheidet, und als Emblem, als unser Markenzeichen, das gleichzeitig den blinden Fleck der Analytiker symbolisiert, das in diesem Symbol enthaltene Verdrängte der Analytiker.

Literatur

Blos, Peter (1985): Sohn und Vater. Stuttgart (Klett-Cotta) 1990.
Buchholz, Michael (2006): Was Sigmund Freud bewirkt hat. Deutsches Ärzteblatt. 14: 908–912.
Davis, M.; Wallbridge, D. (1981): Grenze und Raum. In: Eine Einführung in das Werk Winnicotts. Stuttgart (Klett-Cotta) 1983.
Freud, Sigmund (1887–1904): Sigmund Freud. Briefe an Wilhelm Fliess. Frankfurt a. M. (Fischer) 1986, S. 85.
Freud, Sigmund (1888): Die Suggestion und ihre Heilwirkung. Autorisierte Ausgabe von Dr. Sigm. Freud, Leipzig und Wien 1888, S. 86.
Freud, Sigmund (1892): Hippolyte Bernheim. Neue Studien über Hypnotismus, Suggestion und Psychotherapie. Übersetzt von Dr. Sigm. Freud, Leipzig und Wien, 1892, S. 86.
Freud, Sigmund (1914): Zur Geschichte der psychoanalytischen Bewegung. GW X, S. 43–83.
Freud, Sigmund (1917): XXVII. Vorlesung. Die analytische Therapie. In: Vorlesungen zur Einführung in die Psychoanalyse. Frankfurt am Main (S. Fischer) 1991.
Freud, Sigmund (1926e): Die Frage der Laienanalyse. GW XIV, S. 207–296.
Freud, Sigmund (1927): Die Zukunft einer Illusion. GW XIV, S. 323–380.
Freud, Sigmund (1938): Abriß der Psychoanalyse. GW XVII. S. 63–138.
Gernhardt, Robert (2006): Mündliche Mitteilung. In: Literatur im Foyer. Südwest 3.
Kafka, Franz (1935): Das Urteil und andere Erzählungen. Frankfurt (Fischer) 1962.
Mayer, Andreas (2003): Zur Genealogie des psychoanalytischen Settings. In: Psychoanalytisches Wissen. Hrsg. Lydia Marinelli, Wien (Turia+Kant), S. 11–42.
Morgenthaler, Fritz (1977): Technik. Zur Dialektik der psychoanalytischen Praxis, Hamburg (EVA) 1991.
Schachter, Joseph (2006): Ist die zeitgenössische Psychoanalyse in den USA noch eine Profession? Ein Plädoyer für mehr psychoanalytische Forschung. Psyche – Z psychoanal 5, 60. Jahrgang (Klett-Cotta), S. 455–485.
Segal, Hanna (2006): Auf den Spuren Sigmund Freuds. 3sat, 20. April 2006.
Solms, Mark; Kaplan, Karen (2000): Die Neuroanatomie des Psychischen Apparates. In: Neuro-Psychoanalyse. Stuttgart (Klett-Cotta) 2003.
Stern, Harold (1978): Die Couch. Ihre Bedeutung für die Psychotherapie. Frankfurt a. M. (S. Fischer) 1983.
Winnicott, Donald W. (1971): Objektverwendung und Identifizierung. In: Vom Spiel zur Kreativität. Stuttgart (Klett-Cotta) 1974.
Winnicott, Donald W. (1987): Die spontane Geste. Stuttgart (Klett-Cotta) 1995.
Walz, Wolfgang (2006): Travailler sans raisonner? Zur Aktualität von Freuds »Junktim«. In: Bulletin der Schweizerischen Gesellschaft für Psychoanalyse 62, 2006.

Ist das »Du« bereits ein »Wir«?
Anmerkungen zum Objektbegriff

Dieter Bürgin

Wir verfügen über viele implizite, zumeist vorbewusste und über einige explizite, zumeist bewusste Theorien des Verstehens und der Veränderung (Transformation). Theorien sind gute Untergebene, aber schlechte Vorgesetzte.

Reale Objekte und ihre inneren Repräsentanzen haben zweifellos viele Funktionen, zum Beispiel nutritive, transformative, Sicherheit gebende, Austausch oder Veränderung ermöglichende, vor Reizüberflutung schützende, neugierig machende, stimulative, Befriedigung vermittelnde usw. Aber sie haben auch eine Geschichte. Und die Vorstellungen über ihre Entstehung sind zumeist eng mit der Theorie über sie verwoben.

1. Über die pränatale Entstehung der Objekte

Rascovsky und der Kreis um ihn (1974, 1978) konstruierte ein recht kohärentes metapsychologisches Konzept der pränatalen Entwicklung:

Das *Es* ist eine Art Reservoir oder Depot, in welchem ererbte innere Vorstellungen gespeichert sind. Das *Ich* ist von seiner Bildung in der Fötalzeit an ein Perzeptionsorgan, welches die im Es vorhandenen, initialen, archaischen Vorstellungen als *prototypische Objekte* wahrnimmt. Es entspricht somit einem Duplikat partieller Es-Aspekte. Da in der Fötalzeit reale Außenweltobjekte praktisch nicht vorhanden sind und der Kontakt zur Außenwelt vom mütterlichen Organismus hergestellt wird, stellen die ererbten inneren Vorstellungen des Es prototypische Objekte des fötalen Ichs dar.

Entsprechend diesem Konzept sind die Triebe, die Grundstrukturen der Psyche und auch die Selbst- und Objektrepräsentanzen genetisch angelegt.

Die automatische Reproduktion dieser Es-Inhalte im Ich, die zweidimensionalen und bildlichen Charakter haben, hat unbewusste Fantasien zur Folge, die wie innerpsychische optische Phänomene wahrgenommen werden. Die fundamentale Funktion des Ichs besteht also darin, das Organisationsmodell im Es mittels Verdoppelung, dem primitivsten und konstantesten Mechanismus im Dienste der Identifikation, zu reproduzieren. Wahrnehmen der Objekte heißt demnach Reproduktion von Objekten im Ich. Indem sich die zweidimensionalen Bilder des Es im Ich körperlich strukturieren (zum Beispiel auch durch Daumenlutschen), gelangt die räumliche Dimension als dritte hinzu. Durch das Spiel von Projektion/Introjektion, welches das Ich nachgeburtlich immer mehr mit der äußeren Realität in Kontakt bringt, kommt sie weiter zur Entfaltung. Da Ton und Sprache zeitliche Abläufe aufweisen, gesellt sich mit dem Spracherwerb schließlich noch eine vierte, die Zeitdimension, dazu.

Neben der visuellen Wahrnehmung der inneren archaischen Objekte besteht im intrauterinen Dasein auch eine rudimentäre Wahrnehmung äußerer Objekte, die akustischen oder Druck-Charakter hat. Die unbewussten Fantasien sind von Anfang an ein wirksamer und geistiger Ausdruck der Aktivität der Lebens- und Todestriebe. Der konstante Versorgungsfluss von Nahrung über die Nabelschnur wird von der fötalen Psyche mit dem konstanten Zufluss innerer Vorstellungen vom Es ins Ich in Verbindung gebracht. Der damit verkoppelte *Aspekt der Unerschöpflichkeit* begründet die postnatale Fantasie von einer unerschöpflichen Brust.

Eine uneingeschränkte Permeabilität zwischen Es und Ich kennzeichnet den fötalen Psychismus. Das Ich empfängt auf diese Weise ununterbrochen die mentale Entsprechung des Triebs, die unbewusste Fantasie. Das Unheimliche und das Wunderbare sind zwei Hauptcharakteristika solcher unbewusster Fantasien. *Magisch-allmächtiges Denken* entspricht den Wirktechniken des primitiven fötalen Ichs, das eine omnipotente Wirkung auf die inneren Objekte aufweist, welche die ganze Fülle vererbten archaischen Wissens mit der ihnen anhaftenden wunderbaren Bedeutung repräsentieren.

Meltzer (1995) gelangte nach Ultraschallstudien des fötalen Verhaltens auch zur Ansicht, die Anfänge der mentalen Entwicklung seien im Mutterleib zu lokalisieren und die Geburt sei als eine emotionale Erfahrung zu werten, die über Denkprozesse erlebt werde. Die Empfindungen und Erlebnisse bei der Perzeption der Außenwelt seien für das Baby kaum auszuhalten. Sie hätten eine absolut überwältigende Kraft und würden deshalb, mittels der primären Erhaltungsmechanismen, Spaltungsvorgänge in den Selbst- und Objektrepräsentanzen hervorrufen.

»Das pränatal Erlebte scheint anfangs gleichsam unorganisiert und ohne präzisen Inhalt zu sein, wird aber in der Folge ins Ich integriert und nachträglich gewissermaßen *interpretiert*, um hoch besetzte primitive Fantasien entstehen zu lassen, die berufen sind, seine ursprünglichen Möglichkeiten auszudrücken. Mit dieser Ausstattung kommt der Mensch auf die Welt, um sofort mit den Konsequenzen seiner Geburt konfrontiert zu werden, das heißt, mit der Frustration des pränatalen Zustandes« (Grunberger 1988, Bd. II, S. 109).

Die *Geburt* nötigt das Ich, den Bezug zu äußeren Objekten herzustellen. Die *orale Stufe* ist bei dieser Sichtweise eine bereits fortgeschrittene Etappe innerhalb der psychischen Entwicklung und bezeichnet den Beginn der Beziehung zu den äußeren Objekten. Vor ihrer Einführung hat das Ich seine Perzeptions- und Identifikationsbeziehung zu den inneren Objekten in der gleichen Art und genauso weit entwickelt, wie das Individuum die meisten seiner Organe und Funktionen organisiert, ehe sie in Verbindung mit der Außenwelt aktiviert werden.

Der *Todestrieb* ist von Beginn des Lebens an aktiv auf die Zerstörung der von uns als Nahrung bezeichneten organischen Substrate ausgerichtet. Als Folge der Unterbrechung der Zufuhr durch die Nabelschnur bei der Geburt wächst der Todestrieb, was die Einverleibung von Nahrung und Luft nötig macht, da seine zunehmende Aktivität das Ich zu zerstören droht. Dies ist der Faktor, der das Ich zwingt, das Nahrungsobjekt in der Außenwelt zu suchen. So beginnt die Periode des Erfahrens und Erkennens realer äußerer Objekte, deren physisches Hauptmerkmal durch ihre räumliche Dreidimensionalität und eine zeitliche Dimension gegeben ist, die im Unbewussten nicht existiert.

Die *Urverdrängung*, eine Art primitive Gegenbesetzung, unterbricht die vorher uneingeschränkte Verbindung mit dem Es, das heißt mit den unbewussten Fantasien. Die Kapazität für die archaische Wahrnehmung rein innerer Vorgänge wird dadurch reduziert und kann nur in sehr tiefen *Regressionen reaktiviert* werden, dann allerdings um den Preis eines Aufgebens der Integration mit realen Objekten. In der *Gegenübertragung* löst ein Besetzungsabzug dieser Art beim Therapeuten deutliche Soporgefühle aus.

Ein Teil des Ichs beginnt nun die Suche nach der äußeren Wirklichkeit, denn die inneren Objekte vermögen jetzt die ursprünglichen Befriedigungsvoraussetzungen nicht mehr zu erfüllen. Das fötale Ich als kohärente Einheit wird dadurch gespalten. Die *Dissoziation* spaltet die Wahrnehmung auf in eine solche für innere und eine solche für äußere Objekte. Mit dieser partiellen Außenwendung kommt es zu einer Projektion und Externalisation des inneren Selbstobjekts auf das reale äußere Äquivalent: Die Fantasiebrust wird auf die reale äußere Brust bzw. ihr Substitut projiziert. Bietet das gefundene äußere Objekt die begehrte und erwartete Versorgung, so wird es als »gutes Objekt« internalisiert und verstärkt das Urbild einer guten Repräsentanz der Brust. Allerdings können sowohl Projektion und Externalisation als auch Versorgung misslingen und auf diese Weise das frustrierende »böse« Bild der Objektrepräsentanzen verstärken. Infolge der Projektion und Externalisation werden die äußeren Objekte den magischen Gesetzen unterworfen, idealisiert und dämonisiert.

Die Beziehung, welche der Säugling zu den guten und bösen inneren Objekten bzw. Objektrepräsentanzen hat, wirkt sich auf die Beziehung zu den äußeren Objekten aus. Es besteht eine konstante Interaktion zwischen der inneren Welt, welche Eindrücke von außen in Form von Fantasien reflektiert, und der äußeren Welt, die entscheidend durch Projektion und Externalisation umgestaltet wird. Die ursprünglichen inneren Vorstellungen ändern sich entsprechend den wahrgenommenen Charakteristika des realen Objekts. Durch das *unablässige Projizieren und Introjizieren* findet mit fortlaufender Erfahrung eine ständige Modifikation der individuellen inneren und äußeren Welt statt. Die Externalisation der inneren auf die äußeren Objekte findet – nach Rascovskys Ansicht – also vor deren Verinnerlichung statt.

2. Klassisch analytische Konzepte

»Das Objekt des Triebes ist dasjenige, an welchem oder durch welches der Trieb sein Ziel erreichen kann.« Das Objekt des Triebs »ist das Variabelste am Triebe, nicht ursprünglich mit ihm verknüpft, sondern ihm nur infolge seiner Eignung« zur Befriedigung zugeordnet (Freud 1915, S. 215). Es ist durch die Geschichte jedes Einzelnen und am wenigsten konstitutionell determiniert (Laplanche et al. 1972). Der akzidentelle Aspekt der primären Beziehung kommt hiermit sehr deutlich zum Ausdruck. Das Objekt wird in dem Moment konstituiert, in dem es, für das Subjekt völlig unerwartet, den allmächtig fantasierten, ungebremsten Angriff überlebt. Endziel des Triebs ist aus heutiger Sicht nicht Lust, sondern die Herstellung einer weitgehend lustvollen und unlustarmen Beziehung.

Selbst- und Objektrepräsentanzen konstituieren sich gegenseitig, stehen in konstanter wechselseitiger Beziehung zueinander. Es besteht eine hochgradige, interdependente Abhängigkeit der Objektrepräsentanzen von den Real-Objekten in der Außenwelt. Die Wahrnehmung des Anderen fungiert als Gerüst für die Projektionen der angeborenen Objekt-Imagines. Die Real-Objekte dienen also dazu, das Konstitutionelle a priori abzumildern. Der »primäre Narzissmus« entspricht in dieser Sichtweise einer Abwehr und nicht einem objektlosen Zustand mit dem Selbst als Objektersatz. *Objektpermanenz* besteht etwa am Ende des ersten Lebensjahres. Die *emotionale Objektkonstanz* bezeichnet eine konstruktive Ich-Leistung. Sie ist nicht dem Objekt inhärent.

3. Die Sichtweise von Melanie Klein und ihrer Nachfolger

Für den Säugling gibt es keine Abwesenheit, nur die Gegenwart von etwas. Als Objekte gelten Personen oder Gegenstände, die ein Bedürfnis befriedigen. Objekte sind somit Objekte einer Triebregung und bewirken die Abfuhr von Energieimpulsen (Hinshelwood 1993). Jeder Triebimpuls lässt ein Objekt entstehen. Objektbeziehungen sind von Geburt an vorhanden. Der Mensch sucht nicht in erster Linie nach Lust, sondern nach Objekten, das heißt nach Beziehung, nach der Möglichkeit einer Bindung. Statt eines Trieb-Struktur-Modells wird auch hier zunehmend ein Trieb-Beziehungs-Modell in den Vordergrund der Konzepte gestellt.

Außenwelt wird auf Grund einer angeborenen Fähigkeit als solche wahrgenommen. Objekte befinden sich real im Inneren des Körpers. Innere Objekte können ausgestoßen und äußere ins Innere aufgenommen werden. Zuerst werden Teilobjekte, später dann ganze Objekte gebildet. Ganze Objekte haben andersartige Charakteristika als Partialobjekte, die eine polare Struktur aufweisen, vor allem der paranoid-schizoiden Position zuzuordnen sind, vielfach mit anatomischen Körperteilen, (zum Beispiel Brust, Penis), identifiziert werden und mit dem Phänomen der symbolischen Gleichsetzung verknüpft sind. Zu den »ganzen Objekten« gehören die

Innen-/Außen-Unterscheidung, das symbolische Denken und die Zuordnung zur »depressiven Position«. Eine Regression zu Partial-Objekt-Beziehungen ist während des ganzen Lebens möglich.

Die Vorgänge der Introjektion und der Projektion bestimmen das Schicksal der größtenteils unbewussten Einverleibungs- und Ausstoßungsfantasien. Objekte besitzen Eigenschaften, sie sind entweder gut oder böse, und auch Eigen-Aktivitäten und -Intentionen. Das Psychische trennt sich im Verlaufe der Entwicklung vom Physischen.

Diese Konzepte gehen von sehr konkreten Vorstellungen über die »inneren Objekte« aus, die wir hier mit den Repräsentanzen gleichsetzen wollen. Die inneren Objekte haben eine eigene energetische Vorsorgungs- und Einfluss-Struktur in der Psyche, das heißt, sie können im Ich mehr oder weniger dominant werden. Deutungen vermögen in dieser Sichtweise unmittelbar diese Einflussstrukturen und damit die »Ausrüstung« der Selbst- und Objektrepräsentanzen zu verändern. Auf der Basis von introjektiven Identifizierungen mit durch den Deutungsprozess neu »ausgerüsteten« Objektrepräsentanzen verbessert sich die Funktionsweise adulter Persönlichkeitsanteile, die danach mehr Kontrolle über infantile Strukturen übernehmen und somit das Agieren reduzieren. »Ganze« Objektrepräsentanzen werden durch Integration stark und verfügen über Wissen, Fertigkeit oder gar Weisheit (Meltzer 1995).

Die Objektrepräsentanzen wandeln sich von den von Klein beschriebenen »Teilobjekten« des Kleinkindes im ersten Halbjahr seiner Entwicklung zu den winnicottschen »subjektiven Objekten« oder den von Kernberg et al. festgehaltenen »narzisstischen Objekten bzw. Selbstobjekten« bis hin zu den »ganzen« Objekten, das heißt Repräsentanzen bedeutungsvoller Anderer, die in der zweiten Hälfte des ersten Lebensjahrs ausgeformt werden und bereits eine nicht unbeträchtliche Integration verschiedenster Aspekte und Erfahrungen des relevanten Gegenübers enthalten.

Den verschiedenen Entwicklungsstufen der *Objektrepräsentanzen* entsprechen analoge Entwicklungsschritte der Selbstrepräsentanzen, wie sie von Winnicott (1976) und später auch vor allem von Stern (1972) beschrieben wurden. Stern hob nicht nur die andauernde Suche des Selbst bzw. der Selbstrepräsentanzen nach invarianten Mustern hervor, sondern beschrieb neben dem *auftauchenden Selbst* der ersten zwei Monate auch das so genannte *Kernselbst* des ersten Halbjahrs (mit den Gefühlen *eigener Urheberschaft und Gefühle* sowie dem Gewahrwerden, dass das Gegenüber mithilft bei der Regulation des eigenen Erregungsniveaus bis hin zur »konstruktiven Fehlabstimmung«) und schließlich auch das *verbale und narrative Selbst* des zweiten Lebensjahrs (mit der Manifestation von *Reflexivität, Symbolik und Spracherwerb* und den damit verknüpften Transformationen der Speicherung und Ekphorie).

Lacan bezeichnete das Objekt des Begehrens beim Subjekt als »Objekt (klein) a« und ging davon aus, dass es, wie ein Ding an sich, nicht repräsentierbar ist, sich dem Subjekt als das Fehlende oder Erwartete verbirgt oder höchstens in zersplitterter Form als Partialobjekt (Brust, Fäzes, Stimme und Blick) in Erscheinung tritt. Verlust, Frustration oder Kastration gestalten die Beziehung entweder auf der realen, der symbolischen oder der imaginären Ebene. »Lieben heißt geben, was man nicht hat, jemandem, der es nicht will« (Roudinesco et al. 2004).

4. Der kompetente Säugling

Der Säugling kann beobachtet werden, Interaktionen mit ihm lassen sich wissenschaftlich erfassen. Es ist unabweisbar geworden, dass es sich nicht um ein psycheloses Schreibündel, sondern um einen kompetenten Säugling handelt. Wir wissen unter anderem, dass er auf allen Sinnesebenen perzipieren kann, fähig ist, Konturen von interaktionalen und von Erlebnisabläufen zu erkennen, eine Summe von Eindrücken in lust- und unlustvolle zu gliedern und dass er aus dem Gegliederten Prototypen zu bilden vermag; er kann imitieren sowie Gesichter sicher mehr als eine Woche speichern und unterscheiden (Meltzoff et al. 1994).

Die für die emotionalen, handlungsorientierten und eine Antizipation erlaubenden Vorgänge so wichtigen, genetisch angelegten Spiegelneuronen werden nur in angemessenen Interaktionen aktiviert und können, falls dies nicht erfolgt, weitgehend verkümmern (use it or lose it). Die Folgen für die damit verknüpfte Funktion der Imitation sind verheerend.

Imitation ist also als Funktion angeboren, aber der Säugling ist auf ein reales Objekt angewiesen, dessen psychische Funktionen er imitatorisch, assimilatorisch und identifikatorisch übernehmen kann. Viele der übrigen psychischen Strukturen des Säuglings hingegen lassen sich nur erschließen.

5. Beziehungsstrukturen auf der Repräsentanzen- und auf der realen Beobachtungsebene

Zwei unterschiedliche, teilweise unbewusste innerseelische Repräsentanzen eines fantasmatischen und imaginären Kindes treffen bei der Zeugung als Teile der Innenwelt werdender Eltern, aufeinander. Vielfach findet dort aber keine gegenseitige bewusste Kenntnisnahme der Gleich- oder Verschiedenheiten statt.

Die Kindsbewegungen und die Bilder der Ultraschalluntersuchung bewirken eine erste massive Konfrontation zwischen dem Bild eines realen Babys und den entsprechenden »Imagines« in den Innenwelten der werdenden Eltern. Wie sich das Bild des kommenden Kindes in der Innenwelt werdender Eltern idealtypisch entwickelt, ist noch nicht genügend erforscht. Der Versuch, solchen Bildern gestalterisch Ausdruck zu verleihen, erfährt gegen Ende der Schwangerschaft bei den Müttern jedenfalls eine gewisse Hemmung, so, als müsste der Platz für das reale In-Erscheinung-Treten des jeweiligen Säuglings offen und unkontaminiert von Ausformungen der Fantasiewelt freigehalten werden.

Der Zusammenprall der »Imagines« aufseiten beider Eltern mit dem realen Kind wird bei und nach der Geburt unvermeidbar. Dann tritt eine unabwendbare, genetisch mitgeformte menschliche Realität in Form eines Säuglings mit all seinen Bedürfnissen und Eigenheiten diesen inneren Bildern bzw. Repräsentanzen der nächsten Beziehungspersonen gegenüber. Ein jahrzehntelang dauernder gegenseitiger Anpassungs- und Beeinflussungsprozess nimmt seinen Anfang. Er kann auf jeder Stufe und von allen drei Seiten her unendlich viele Modifikationen und Störungen erfahren. Einmal unterwegs in die Elternschaft, beginnt für die beiden erwachsenen Protagonisten vom Zeitpunkt null an eine Beziehungsreise auf ihr Kind zu, die alle Facetten des Lebendigen mitsamt den möglichen Störungen enthält.

In einer von uns (Bürgin et al. 1995) initiierten Studie sind mittlerweile rund 120 werdende Elternpaare, die ihr erstes Kind erwarteten, wissenschaftlich untersucht worden, (Durchschnittsalter rund 30 Jahre; durchschnittliche Dauer der Partnerschaft: 5,7 Jahre (3 Monate bis 15 Jahre); verschiedenste soziale Schichten sind vertreten, Paare aus der gehobenen Mittelschicht aber sind, verglichen mit der Normalpopulation, etwas in der Überzahl). Ein pränatales, semistrukturiertes, etwa zweistündiges auf Video registriertes Interview wurde, (inklusive der Videoskopie im vierten Monat), nach fünf Dimensionen, entsprechend einem Rating-Glossar, von mehreren Raterinnen ausgewertet. Aus den fünf Einzeldimensionen wurde – in einem integrativen Schritt als Gesamtbeurteilung – von unabhängigen Ratern vor und *nach der Geburt* die »Triadische Kompetenz« der Beteiligten eingeschätzt.

Es wurde uns deutlich, wie schwierig es vielfach für werdende Eltern ist, bereits pränatal eine flexibel ausbalancierbare, trianguläre Beziehungskonfiguration zu erreichen, bei der auf der Ebene der Imagination und des Fantasmas die dritte Person nicht schon so weit weggetan worden ist, dass sie praktisch wie ausgeschlossen wirkt. Eine pränatal als gering eingeschätzte triadische Kompetenz beider Eltern wirkte sich nachweislich ungünstig auf die Ausgestaltung der realen postnatalen triangulären Beziehung aus. Die Bedeutsamkeit der imaginierten triangulären Beziehungskonfigurationen in der Innenwelt der Eltern für die Realisierung triadischer Interaktionen ließ sich auf diese Weise klar nachweisen. Trianguläre Beziehungsmuster frühkindlicher, präödipaler, ödipaler oder adoleszentärer Art zwischen Selbst- und Objektrepräsentanzen werden hierbei in komplexen Mustern reaktiviert und sind meist teleskopartig ineinander geschoben und kondensiert. Sie manifestieren sich in ihrer spezifischen Form jeweils nur unter bestimmten situativen Bedingungen.

Die pränatal bei den Eltern erfassten, intrapsychischen triadischen Beziehungsqualitäten erlauben eine gute Voraussage darüber, wie die Qualität der realen interpersonalen triadischen Eltern-Kind-Interaktionen im Alter von vier Monaten ist. Die bereits pränatal und unmittelbar postnatal erfassbare Repräsentanzenwelt der Eltern hat demnach eine hohe organisierende Bedeutung für die späteren Interaktionen zu dritt, wie sich bei Out-Come-Untersuchungen im Vorschul- und Schulalter zeigte.

Pränatal sind es vor allem die im Interview hervortretenden triadischen Repräsentanzen der Eltern zwischen ihrem Selbst und den Bildern ihrer eigenen Eltern, das heißt ihre Beziehungsstrukturen zu den Herkunftsfamilien und die Integration der eigenen Herkunftsgeschichte, die hoch mit der späteren beobachteten Trilogfähigkeit korrelieren und eine Vorhersage über ihre eigenen späteren Interaktionen mit ihrem Kind erlauben.

6. Erschlossene Annahmen

Im pluripolar strukturierten Ich, das sich nach der Geburt weiter auszuformen beginnt, besteht eine klare dynamische Differenz zwischen dem pränatalen und dem postnatalen Erlebnis- und Funktionszustand. Das Ermöglichen der Illusion (Winnicott 1976), mittels der eigenen Wünsche auch gleich deren Erfüllung herbeizaubern zu können, entspricht der zeitweilig tröstlichen Versicherung einer Wiederherstellung von Fantasmen über Erlebniszustände von Omnipotenz und der Kreation von Übergängen zwischen den verschiedenen existenziellen Funktionsweisen. Liebevolle Erziehung und analytische Behandlung erleichtern das Wechseln zwischen solchen Zuständen und dem Vollzug sorgfältiger Desillusionierungsschritte. Sie fördern damit auch den Aufbau von Übergangsbereichen. Die Realpersonen wirken dabei, gleichsam als externalisierter Uterus bzw. immaterielle Gebärmutter, wie Brutkästen oder Treibhäuser der Entwicklung.

Pränatal bereits als Skizze vorhanden, bilden sich postnatal, aus den vitalen Lebensbedürfnissen heraus, im Ich des Säuglings Strukturen einer Zweieinheit aus, die von einer Art Hülle umgeben sind. Das spiegelhaft verdoppelte Andere, das heißt die skizzierten Objektrepräsentanzen, dürften im Erleben des Säuglings vor allem ein *Mit*- oder *Bei*-ihm-Sein, eine Präsenz darstellen. Diese Gestaltkapsel, die eine innerlich noch ungetrennte, aber stabile Bezogenheitsstruktur enthält und aus Inhalt und Behältnis besteht, birgt in sich ein größeres Sortiment von Ausfüllungen in Form von bi- und tripolaren Nähemodellen für solche Duplikate. Sie hat bei jedem Individuum eine eigene Geschichte und eine spezifische Entwicklung. In dieser »monadischen Sphäre«, die ihrem Wesen nach stumm ist, aber dennoch einen Ort intensiven Austausches repräsentiert, finden sich nicht nur der Narzissmus sowie ein auf ein Gegenüber gerichtetes, rücksichtslos forderndes libidinöses Triebbegehren, sondern auch eine (möglicherweise primäre, gewiss aber sekundäre, durch Frustration entstandene) archaische Destruktivität, die der Durchsetzung von Impulsen in der Außenwelt dient. In schlaufenförmigen Vor- und Zurück-Bewegungen vermischen und differenzieren sich Impulse im Laufe der Entwicklung immer wieder. Manchmal allerdings – vor allem bei einer personalen Umwelt, die nicht imstande ist, ein angemessenes Containment dafür bereitzustellen – bestehen die primitive Liebe und die Destruktivität unmodifiziert weiter und manifestieren sich, sofern sie nicht in Handeln überspringen, in archaischen, Schrecken erregenden und zumeist gleich bleibenden Fantasmen.

Der Säugling ist ein Wesen, das auf eine Innenweltteilung hin angelegt ist. Es handelt sich um das »Zusammensein von Etwas mit Etwas« (Sloterdijk 1998, S. 552). Bei dieser Intimität geht es um ein Weitergabeverhältnis, um ein sich gegenseitig ergänzendes Resonanzspiel zwischen einem »Mit« und einem »Auch«. Diese sphärisch-monadische Konstellation der Repräsentanzen bildet die Basis der späteren Übertragungsbeziehung. Sie wird durch die Trieblichkeit geöffnet, da die Triebimpulse nach außen drängen und das innere Etwas postnatal nicht mehr zu befriedigen vermag. (Hermetik wird erst in der narzisstischen, auf sich selbst zurückführenden Regression wiederhergestellt. Denn zum reinen Narzissmus gehören das Fantasma einer Freiheit von Triebspannung, ein Streben nach einer störungsfreien, in sich ruhenden Homöostase sowie das einer Nicht-Anerkennung von Anderssein.) Triebaktivitäten bewirken somit eine Auflösung der reinen, primären, sphärisch-monadischen, narzisstischen Bezogenheit und haben eine rasch ansteigende Durchlässigkeit der virtuellen Membran zur Folge, die, als uterine Disposition der Vollständigkeit, das Ganze umhüllt hält. Der Narzissmus als nach innen orientierte Besetzungsmodalität beginnt sich danach mit den nach außen orientierten Triebbesetzungen zu vermischen.

Allmählich bilden sich zwischen diesen sich zuerst noch weitgehend überschneidenden, fusionären Repräsentanzen getrennte Formen mit Übergangsbereichen. Im Rahmen der frühesten Bezogenheit entstehen somit intrasubjektive Übergangsräume zwischen den Repräsentanzen des Selbst und denen der Objekte. Obwohl die Personen und Dinge in der Außenwelt genau wahrgenommen werden, steht – vom Säugling aus gesehen – noch alles im Einflussbereich seiner Omnipotenz, gibt es noch kein wirkliches Innen und Außen, auch wenn sich die Repräsentanzen bereits klar separiert haben. Einmal gebildet, entscheidet sich, ob sich dieser virtuelle intrapsychische Raum zu einem interpersonellen, für das Subjekt und die Objekte brauchbaren Spielraum entwickelt oder nur zu einem, der einzig von narzisstisch besetzten Objekten bevölkert wird. Im ersten Fall wird er zu einem Bereich mit lebendigem Austausch, mit einer Sphäre von Ko-Subjektivität und von Ko-Existenz; im zweiten zu einem Territorium, in welchem ein steter Machtkampf zwischen einem Bezwinger und einem Bezwungenen stattfindet.

Die Art der *verwendeten analytischen Technik* trägt zur Aufrechterhaltung, Belebung, Auflösung, zum Zerfall oder zur Rekonstituierung dieser frühen Bezogenheitsformen bei. Im analytischen Prozess zu einem Teil einer solchen frühkindlich-sphärischen Bezogenheit geworden, muss der Analytiker es aushalten, weitgehend nur eine Funktion des Patienten zu sein, denn einzig so kann er zum langen dialektischen Prozess einer adäquaten Auflösung und

Wiederherstellung eines Oszillierens zwischen Narzissmus und Triebwunsch beitragen. Während sich zwischen den Repräsentanzen anhaltende Projektions- und Introjektionsvorgänge abspielen, kommen bei einer Externalisation und damit interpersonalen Aktualisierung solcher Vorgänge die Methodiken der projektiven und introjektiven Identifizierungen des noch sehr miteinander verschränkten Interaktionspaares zum Tragen. Die ersten Beziehungspersonen locken den Säugling interaktiv in ähnlicher Weise aus der sphärischen Selbstbezogenheit heraus, wie der Analytiker durch das Setting den früh gestörten Patienten einlädt, sich auf die Ungeheuerlichkeit des Äußeren einzulassen.

Säuglinge erleben postnatal spezifische Affekte und sind möglicherweise »entsetzt vor Verwunderung«, da sich ihnen der Sinn dieser Affekte nicht unmittelbar erschließt. In roher Form entsprechen sie einer Art neuer, unerträglicher Erfahrung. So sind die Säuglinge auf Personen angewiesen, die diese Emotionen wie ein Behältnis aufnehmen und sie mit Bedeutung zu versehen vermögen. Sie suchen somit für die Erlebnisbruchstücke, die noch nicht empfunden und gedacht werden können, dringendst nach einem spezifisch gearteten »Autor«, der seine Alpha-Funktion für die Transformation dieser vom Säugling stammenden Beta-Erlebnisse zur Verfügung stellen könnte (Alphabetisierung), der diese verwunderlichen und potenziell entsetzlichen Dinge (»denn das Schöne ist nichts als des Schrecklichen Anfang«, sagte Rilke (1955, S. 685)) in eine Form und Gestalt zu bringen weiß, sodass sie den weiteren psychischen Funktionen zugänglich werden. Gelingt das nicht, so findet entweder eine Projektion in den eigenen Körper statt, was schließlich zu einer Verwirrung der körperlichen Funktionen führt, oder später eine Projektion in soziale Gemeinschaften, was eine unreflektierte Verschmelzung mit den dort vorhandenen Gruppenfantasien zur Folge haben kann.

Wenn Erfahrungen mit Bezogenheitsformen bestehen, in welchen das archaisch-sphärische Gebilde eröffnet wurde und – innerhalb der Psyche einer äußeren Person – nur in ungenügendem Ausmaß eine Umwandlung undifferenzierter Beta-Elemente des Säuglings in Alpha-Elemente zustande kam, so treibt die Hoffnung auf das Finden eines doch noch brauchbaren Containments den Säugling (bzw. das Kind, den Adoleszenten oder den erwachsenen Patienten) immer wieder an, einen frischen Anfang zu versuchen. Dabei wird allerdings die Beziehungsform eines ungenügenden Containments auf das Gegenüber übertragen und dieses genötigt, sich mit den projizierten, aktualisierten und externalisierten Beziehungsanteilen des

Säuglings zu identifizieren. Nur wenn auch diese vom Gegenüber aufgenommen, bewahrt, transformiert und mit geeigneten Worten versehen dem Projizierenden in einer kontingenteren Form wieder zur Verfügung gestellt werden, das Gegenüber also dokumentiert, dass es sein scheinbares Unvermögen unbeschädigt zu überstehen vermochte, so können auch diese Teile nach ihrer Rücknahme vom Kind bzw. Patienten für eine Veränderung, das heißt für eine bessere Integration, verwendet werden.

Es gehört zur hohen Schule analytischer Arbeit, spielerisch und gleichzeitig flexibel-dynamisch die emotionalen Bewegungen des Patienten aufzunehmen, ihnen zu folgen und sich für die Verwendung durch den Patienten angemessen zur Verfügung zu halten. Oft besteht beim Analytiker der Wunsch, für das Gegenüber so etwas wie ein neues Objekt darzustellen. Dann aber ist rasch zu sehen, welche unbewussten und automatisierten Anstrengungen der Patient im Übertragungsgeschehen macht, um den Analytiker einem aus der Innenwelt des Patienten stammenden »alten« Objekt anzugleichen.

Permeabilisiert das entpaarte Individuum, das innerhalb der Hülle bereits eine Trennung der Repräsentanzen vorgenommen und ein interrepräsentationales Beziehungsfeld gebildet hat, seine Schutzmembran, so entsteht dabei etwas wie ein psychischer und ein symbolischer Nabel, ein »umbilikales Feld« mit »Erinnerungsspuren aus der formativen Phase der Supplementierung« (Sloterdijk 1998, S. 402). Dieses Beziehungsfeld mit seinen frisch erworbenen Unterscheidungsgrößen von Innen und Außen, von eigenem Körper und Umgebung, von »me« und »not me«, bedarf für seine weitere Entfaltung unter den jetzt auftauchenden Bedingungen der Triebabläufe eines Bezugs auf intime Bezogenheiten zu realen äußeren Personen, aus welchem dem Individuum nährende und eliminierende Zeichen zufließen. Die Trieb- und Affektbesetzungen bemächtigen sich der zunehmend integrierteren Wahrnehmungen aus der Außenwelt. Das »Mit« und das »Auch« erhalten allmählich die Gestalt eines realen Gegenübers, einer Person in der Außenwelt. Mit solchen Personen steht das Subjekt in vielfältigstem Austausch. Es sorgt (nach dem oralen Modus der Ernährung) für eine anhaltende Besetzung der entsprechenden Objektrepräsentanzen in der eigenen Innenwelt. Parallel dazu bildet sich auch ein allmähliches Gewahrwerden der primären und vollständigen Abhängigkeit des Subjekts von den realen äußeren Objekten – der Quelle früher Bindungen und archaischer Hilflosigkeit zugleich – und damit entsteht auch ein anhaltender Stimulus zu affektiver und beziehungsgestaltender Entwicklung und Differenzierung.

Das »Mit«, wie dieses früheste Gegenüber im Zwischenbereich von Innen- und Außen-Welt vielleicht bezeichnet werden kann, eine erste Form der Wahrnehmung eines äußeren Partial-Objektes, bestimmt für das werdende Individuum somit den Ort des ersten Besetzens und Loslassens. Es kann sich entfernen oder annähern, ist verlierbar und unter geeigneten Bedingungen auch ersetzbar. Es manifestiert sich als ein Ergänzungs-Etwas, das zur Triebbesetzung, zum Austausch und damit zum Leben verführt, die Triebbesetzungen somit an die Membrangrenzen lockt und die Hülle durch seine zumeist außermembranliche Position gegenüber der Außenwelt zu öffnen hilft.

Seine Nachfolger sind personifizierte Repräsentanzen der Gattung »Seelenraumteiler«, wie zum Beispiel Doppelgänger, Zwillinge, imaginäre Begleiter, Verfolger, Engel oder auch Intimgötter. Das Geschenk eines solchen »Mit«, eines so gestalteten, zunehmend personifizierten, strukturierten, lebensspendenden Nähefeldes, das belebt und motiviert (und in der Depression zum Beispiel verloren geht), ist die Mit-Erschaffung eines Übergangsraums, in dem zu Beginn Ersetzungen noch möglich sind. Dieser zwischen zwei realen Individuen bestehende virtuelle Humanraum kann als die Nachfolgeörtlichkeit mehrerer verschränkter Innenräumlichkeiten beschrieben werden. In den Übergangsräumen, die sich gegenseitig enthalten und zugleich auch ausgrenzen, bestehen Fließverhältnisse sowohl der Strukturen und Besetzungen als auch der Inhalte. Durch die vielfältigen Austauschabläufe werden sie zu pluripolaren, innig verfugten, gemeinsamen Erlebnis- und Erfahrungsräumen. Dieses primäre existenzielle Bezogenheitsfeld mit seiner eigenartigen, ständig wechselnden Durchlässigkeit und spezifischen Membrancharakteristik, das triadisch und polyadisch strukturiert und nur in regressiver Bewegung rein dyadisch ausgestaltet ist, enthält bei seiner Entwicklung eine Absenzstelle, den psychischen Nabel. Eine reale Betreuungsperson ist bereits »die Dritte« innerhalb dieses Feldes, das durch eine archaische Selbstrepräsentanz und die Repräsentanzen eines das plazentare Etwas ersetzenden, urbegleitenden Gegenübers gekennzeichnet ist.

Verstehen wir »Psyche als inszenierendes Gedächtnis ältester Beziehungen und als Reproduktionsquelle vergangener Existentialsituationen« (Sloterdijk 1998, S. 243), so hängen die Bewegungen im psychoanalytischen Prozess nicht unwesentlich von den Vorgängen an diesen primären Membranen, ihren Qualitäten und den entstehenden Permeabilitäten, das heißt, von den schützend-durchlässigen Eigenschaften des sphärisch-monadischen Feldes ab. An der Absenznarbe vorbei werden mit dem realen Gegenüber neue Resonanzkreise eingespielt. Der megalomane Versuch des Subjekts, die Personen der äußeren Welt umfassend in seinen Primärraum hineinzunehmen und damit dem Wechselhaften der Übergangsräume zu entgehen, führt zu gefährlichen Formatierungsfehlern und nachfolgenden Starrheiten. Solches lassen wir innerhalb des analytischen Prozesses allerdings vielfach zu, aber verunmöglichen es zugleich in paradoxer Weise durch das gleichzeitige Aufrechterhalten eines Getrennt-Seins.

Empfänglichkeit, Erreichbarkeit und Resonanz im reziproken Austausch mit äußeren Nähewesen begleiten nicht nur die hungrige Zuwendung oder die gesättigte Abwendung, sondern auch die wechselseitigen unbewussten Identifizierungen. Das hochkomplexe Wechselspiel solcher Zu- und Abwendungsschritte von beiden Protagonisten, die in einer asymmetrischen Beziehung zueinander stehen, strukturiert die Choreografie des Begegnungsballetts auf frühen Entwicklungsstufen.

Postulieren wir als Movens des Seelenlebens einen Trieb mit einem Ursprung im Somatischen, dessen Quelle im Subjekt liegt und dessen Richtung nach einem Außerhalb zeigt, das heißt, ein Ziel oder ein Objekt sucht, so enthält dieses Konzept eine Anlage, bei der die realen und für das kleine Kind bedeutungsvollen Anderen gleichsam »ungefüllte« Protorepräsentanzen im Subjekt auffüllen. In diesem Sinne werden die Objektrepräsentanzen – im Sinne Winnicotts – vom Subjekt geschaffen, obwohl die realen Objekte bereits da sind. Dabei gehen wir davon aus, dass bereits der Säugling nicht nur zu dyadischen, sondern auch zu triadischen und sogar polyadischen Beziehungen, das heißt, zu Beziehungen zu verschiedenen Personen fähig ist. Er baut in seiner Innenwelt somit verschiedene Objektrepräsentanzen auf, die aber in ihrer Wertigkeit unterschiedlich besetzt werden. Wo wir Trieb- und Besetzungsvorgänge hypothetisieren, existieren auch Selbst-, Objekt- und Beziehungsrepräsentanzen. Oder anders formuliert: Wo eins ist, sind auch zwei, wo zwei sind, sind auch drei und viele.

7. Strukturen und Räume

Die innere Welt besteht aus *Strukturen, Funktionen und Repräsentanzen*. Gedanken, Gefühle, Fantasien, Erinnerungen, Wahrnehmungen werden mehr oder weniger geordnet oder chaotisch, diffus oder klar um affektbeladene

Selbst-Objekt-Beziehungsrepräsentanzen organisiert. Zu den verschiedenen Ich-Funktionen gehört auch, als zentrales Orientierungs- und Regulationsinstrument, das Generieren von Bedeutungen, das heißt das Versehen von Wahrnehmungen mit Bedeutungen sowie das Zu- oder Absprechen von Bedeutungen.

Konzepte wie »Übergangsräume«, »Übergangsbewegungen« und »Übergangsphänomene« bezeichnen Schnittstellen zwischen der Innen- und Außenwelt. Für die komplexen Umwandlungsvorgänge fehlt eine entsprechende »psychologische Mathematik«, die imstande wäre, ein Geschehen mit so vielen Variablen formelhaft zu fassen. Die »Übergangsbereiche« vereinen Widersprüchliches und polar Gegensätzliches in sich, das von ihren Benutzern subjektiv gewichtet wird, und sind von Symbolen bevölkert, die eine rein intrasubjektive oder eine interpersonell geteilte Bedeutung haben können. Sie finden sich sowohl im intrapsychischen Bereich, (zum Beispiel zwischen den Selbst- und den Objektrepräsentanzen, zwischen Ich und Über-Ich), als auch im interpersonalen Bereich, (zum Beispiel Kunst, Spiel). Erst die Loslösung eines Symbols vom ursprünglichen Kontext, (Dekontextualisierung), erlaubt seine Verschiebung in einen anderen Kontext und damit eine Art Generalisierung. Dieser Ablauf ist bedeutungsvoll für die Sprachentwicklung und das Symbolspiel, aber auch dafür, dass Eigenbezüglichkeit zu Fremdbezüglichkeit werden und damit Reflexivität entstehen kann.

Spätestens in der Mitte des zweiten Lebensjahrs können Puppen zur Symbolisierung des Gegenübers genutzt werden, erste Rollenspiele treten auf, und es werden einfache Personennamen mit rudimentärer Symbolisierung gebraucht. Ein Kind in diesem Alter vermag sich selbst auf einem Foto zu zeigen. Aber erst mehrere Monate später bezeichnen die Kinder Bilder und Fotos von sich selbst mit dem eigenen Namen oder mit »Ich«.

8. Sprachentwicklung

»Es dürfte so etwas wie eine Anlage von Bedeutung geben, ein Programm, das ein Kind auf bestimmte syntaktische Strukturen hin orientiert. Diese vorsprachliche Anlage für bestimmte ausgewählte Bedeutungsklassen entspricht einer angeborenen Repräsentation, die durch die Handlungen und das Ausdrucksverhalten anderer Menschen und durch bestimmte grundlegende, soziale Kontexte ausgelöst ist, in denen Menschen miteinander interagieren« (Bruner 1993, 1997, S. 86). »Gewisse kommunikative Funktionen oder Intentionen sind bereits fest verankert, bevor das Kind die formalen Sprachregeln gemeistert hat ...«; (dazu gehören zumindest Zeigen, Benennen, Bitten und Irreführen) (S. 84). »Narrative Strukturen sind in der Praxis der sozialen Interaktion bereits inhärent, bevor sie sprachlich ausgedrückt werden können« (S. 90). Im Spielraum zwischen Individuen ist es für das Kleinkind zentral, dass Gemeinsamkeit, das heißt gemeinsam Geteiltes zwischen ihm als eigener Person und den für das Kind relevanten Beziehungspersonen entsteht. Solche Vorgänge kommen durch Akte zustande, die sich auf die spezifischen, mit Beziehungsrepräsentanzen erfüllten Innenwelten der Beteiligten abstützen.

Auch für die Spracherlernfähigkeit dürfte ein genetischer Satz von Anlagen bestehen. Der von den relevanten Personen seiner Umwelt zur Verfügung gestellte Interaktionsrahmen ermöglicht es dem Säugling und Kleinkind, dieses Sprachlernsystem in Aktion treten zu lassen. Der Kern dieses angeborenen unbekannten »Wissens« besteht aus dem Verständnis einer universellen Grammatik, die es dem Kind erlaubt, in der Oberflächenstruktur jeder natürlich gesprochenen Sprache – in welche es auch immer hineingeboren wird – deren Tiefenstruktur oder universelle Grammatik zu erkennen.

Bruner hat mit Recht darauf hingewiesen, dass die bedeutungsvollen Beziehungspersonen wie eine Art kulturell-menschliches System zur Entwicklung und Differenzierung dieses genetischen Systems wirken. Auf diese Weise dürften die Erwachsenen auch Kultur weitergeben. So eignet sich das Individuum Funktionsweisen an, die nicht nur in seinen Genen existieren, sondern auch in seiner Kultur wurzeln.

Indem das Kind in einem kommunikativen, vorsprachlichen Medium lernt, wie man etwas sagt, lernt es gleichzeitig, was im jeweiligen gesellschaftlichen Rahmen üblich und angemessen ist und von seinen erwachsenen Interaktionspartnern geschätzt wird. Die Sprache dient dazu, Unterscheidungen, die ein Kind schon vornehmen kann und die bereits in der Zeit des noch fehlenden Sprechvermögens vorhanden sind, genauer zu bezeichnen, zu unterstützen und sie sogar auf andere Bereiche zu übertragen. Hierzu bedarf es einer Fähigkeit, Ablaufkonturen von Ereignissen und Erfahrungen, die in einer Sinnesmodalität gemacht worden sind, intrapsychisch auf eine andere zu verschieben.

Die realen äußeren Objekte eines Kleinkindes, zumeist also die Erwachsenen, bieten ihm nicht nur ein Sprachmodell. Sie wirken als vermittelnde

Sprechpartner, die grundsätzlich damit einverstanden sind, sich mit dem Kind auszutauschen und mit ihm zu verhandeln, das heißt die gegenseitigen Absichten deutlich zu machen und deren sprachlichen Ausdruck den historischen, gesellschaftlichen und kulturellen Bedingungen anzupassen.

9. Bildung der Objektrepräsentanzen und Einbettung in ein spezifisches kulturelles System

Die individuelle Natur des Individuums und damit auch die Bildung seiner Objektrepräsentanzen ist somit eingeschrieben in die jeweilige Kultur, die, vertreten durch den familialen Kontext bzw. die unbewussten Identifikationen mit den Elternfiguren, weitergegeben wird. Auf Grund der Teilhabe an einer Kultur werden viele Bedeutungen zu gemeinschaftlich geteilten Bedeutungen. Wahrscheinlich erfolgt das kulturelle Aushandeln von Bedeutung durch die Vermittlung von narrativen Interpretationen. Ein größerer Teil der Bedeutungen im menschlichen Leben ist ein kulturell »vermitteltes Phänomen, das von der Existenz eines geteilten Symbolsystems abhängig ist« (Bruner 1993, 1997, S. 83). Symbolsysteme, die bei der Sinnkonstruktion benutzt werden, sind tief in Kultur und Sprache verankert. Zur menschlichen Kultur gehören gemeinschaftlich geteilte Symbolsysteme, das heißt eine traditionsbedingte Art und Weise des Miteinander-Lebens und Miteinander-Arbeitens. »In jeder Kultur wird zum Beispiel stillschweigend vorausgesetzt, dass Menschen sich in einer Weise verhalten, die der Situation angemessen ist, in der sie sich befinden« (S. 65). In jeder Kultur gibt es auch eine Neigung, Geschichten über menschliche Verschiedenheit miteinander zu teilen und deren Interpretation mit den divergenten moralischen Verpflichtungen und institutionellen Zwängen in Übereinstimmung zu bringen. In diesem Sinne hängen gemeinsam geteilte Symbole von der Existenz einer Sprache ab, die ein geordnetes oder regelgeleitetes System von Zeichen umfasst. »Die Lebensgeschichte und die Ich-Identität sind ohne Zweifel durch intrapsychische Kräfte geformt, aber ebenso Ausdruck sozialer und historischer Kräfte« (S. 143).

10. Mentalisierung

Mit diesem Terminus wird ein Zustand beginnender Selbstreflexion umschrieben, in welchem die Selbstrepräsentanz sich aufteilt und ein Teil damit zu einem Objekt des Selbst wird. Es handelt sich primär um einen intrasubjektiven Beziehungsvorgang. Wie das Kind mit sich selbst als Objekt umgeht, dürfte einerseits mit seiner genetisch-konstitutionellen »Ausstattung« und den übrigen Abläufen bei der Bildung von Objektrepräsentanzen zusammenhängen, andererseits aber auch ein Abbild davon sein, in welcher Art es ein Objekt eines bedeutungsvollen Anderen war (Selbstwahrnehmung, Selbstanregung, Selbstablehnung, Selbstverständnis, Selbstvertrauen usw.). Im archaischen Ich ist gleichsam die Grammatik der von den bedeutungsvollen Objekten des Subjekts gelieferten Regeln für den Umgang mit den Selbst- und Objektrepräsentanzen wie eine noch inaktive Sprache gespeichert, die es (wieder) zu entdecken gilt. Ohne Raum, in welchem der innere Diskurs einen Ruheort findet, kann dieser vom Kind nicht gehört werden, vermag dieses Wissen den Weg ins bewusste Denken nicht zu finden und kann nur auf unzählige und verschiedene Arten abgewehrt werden.

Das Ich repräsentiert einerseits den Konstrukteur von Erzählungen, kann andererseits aber auch als das Produkt des Erzählten aufgefasst werden. Nach den ersten Abgrenzungsbewegungen, die am Auftreten des »Nein« (3. Organisator nach Spitz 1969) erkennbar werden, das heißt zwischen etwa dem 18. und dem 36. Lebensmonat, realisiert das Kind, dass die realen und für es bedeutungsvollen Personen Wesen mit eigenen Beziehungen, Gefühlen, Gedanken, Absichten und Verhaltensweisen sind, die aber auch nicht so verschieden vom Kind sind, dass es sich nicht einfühlen könnte. Parallel zu diesen in der Innenwelt des Kindes gelegenen Objektrepräsentanzen, die damit auch in den intrapsychischen Beziehungssystemen eine viel größere Eigenständigkeit erlangen, entwickelt sich die Fähigkeit zur Empathie, das heißt, zur Einfühlung in ein Gegenüber.

Der Ausdruck »Mentalisierung« wird – vor allem im französischen Sprachraum – aber auch verwendet, um den Vorgang zu beschreiben, mit welchem etwas noch nicht Repräsentiertes zu einer symbolisierbaren Repräsentanz und damit zu einem Teil der Psyche wird.

Der Analytiker als eine Art Übergangsobjekt kann als der editorische Helfer oder Komplize im narrativen Konstruktionsprozess verstanden werden. Am Analytiker als externem, realem Objekt liegt es, die Praktiken und Regeln zu erhellen, mit denen das Ich im kulturellen Kontext Bedeutung herstellt. Seine Interventionen, (egal, ob es Deutungen oder (Re-)Konstruktionen sind oder ob es auch ein Schweigen ist), dienen dazu, etwas zu Worte kommen zu lassen, was bisher unbeschreibbar war. Sie sollen dem Patienten helfen herauszufinden, wie er seine Geschichte erneut, das heißt nun vom Averbalen oder Frühkindlichen in adulte Sprache transponiert, erzählen kann, sodass er die Ursprünge, Bedeutungen und Folgen der gegebenen Schwierigkeiten wie auch die unzähligen unbewussten Identifikationen zu verstehen vermag und für ihn eine Autonomisierung vorstellbar und erreichbar wird. Auf diese Weise wird ein neues Narrativ von den beiden Protagonisten zusammen ko-konstruiert.

11. Grundsätzliches

Bei allen Überlegungen zum Objekt müssen wir uns vergewissern, aus welcher Perspektive wir sprechen: aus der des beobachteten Säuglings, aus der des rekonstruierten Säuglings, aus der eines neutralen äußeren Beobachters, aus der eines »participant constructivist«, eines Fantasierenden-Rêverierenden oder aus der eines aus einem psychoanalytischen Kontext mit Kindern oder mit Erwachsenen heraus zu verstehen Versuchenden?

Zudem müssen wir uns stets fragen, welche Ebene eines Beziehungsgeschehens wir meinen: Diejenige einer frühen Ich-Entwicklung mit nur geringen regulativen Funktionen und unsicherem Containment des Gegenübers, mit frühkindlichen, zumeist gespaltenen Selbst- und Objektrepräsentanzen, archaischen Bildern, symbolischen Gleichsetzungen, projektiven und introjektiven Identifikationen, prämentalisierten triadischen Strukturen?

Oder diejenige einer verhältnismäßig differenzierten Ich-Entwicklung mit diversen Skripten, primär sprachlich-narrativ Mitgeteiltem, ganzen Objekt- und Selbstrepräsentanzen sowie gemeinsam mit anderen geteilten Metaphern und Symbolen, ödipal strukturierten triadischen Strukturen und allen Phänomenen der Empathie?

Oder jene einer adoleszenten Transkription eines jungen Erwachsenen oder eines in reale Elternschaft eingetretenen Menschen?

12. Fallvignette

Zu Beginn des videoaufgezeichneten Gesprächs, das hier in kondensierter Form wiedergegeben ist, erklärt der motorisch ziemlich unruhige zehnjährige Anton im Videoraum, er habe »alles schon gesehen«, es gebe nichts Neues mehr. Er sei gekommen, weil die Eltern es so wollten. Was er selbst wolle, wisse er im Moment nicht. In der Schule »scheißt mich immer alles an.« Man solle eine bessere Schule herzaubern, in der man rein das tun dürfe, wozu man Lust habe. Unangenehmes solle weg-, Gutes hergezaubert werden. Leute hypnotisieren, damit sich etwas verändert, wäre eine Möglichkeit, die es aber nicht gebe. Drohen hingegen wäre wirksam. Spannung führt Anton ganz bewusst mittels einer gequälten motorischen Unruhe ab.

Welche Selbst-Objektbeziehungskonfiguration bringt der Patient ins Gespräch? Er ist scheinbar *ohne Neugierde*, (alles schon gesehen, nichts Neues), fügt sich einem *Druck*, (kam, weil die Eltern es so wollten), und zeigt einen *Affekt des Überdrusses*, (»alles scheißt mich an«). *Magisch-onmipotentes Denken,* (alles soll weggezaubert werden, er möchte hypnotisch Einfluss nehmen auf Menschen), steht neben einem *erhaltenen Realitätssinn*, (das gibt es ja nicht). Aber *Macht* wäre erwünscht, (drohen wäre wirksam). Die *intrapsychische Spannung* wird in *motorischer Unruhe* ausgedrückt.

Den Vorschlag zu einem Kritzel-Zeichnungsspiel (nach Winnicott) scheint er zuerst nicht genau zu verstehen. Er will etwas gestalten, was mich ohnmächtig machen soll, und duzt mich dabei. Dann hat er keine Einfälle und schlägt schließlich ein Haus vor, das von Punks besprayt worden ist und durch nochmaliges Übersprayen wiederhergestellt werden könnte.

Die Insassen sind passiv, ohnmächtig und lassen es zu, dass die Punks jedes Haus markieren. Am Schluss, nachdem sie die Markierungen stets wieder entfernt haben, ziehen sie aber aus und überlassen das Haus den Punks. Auch Anton versucht oft, Probleme durch Flucht zu lösen.

Ein spielerisches Angebot mag Anton annehmen. Die *Macht-/Ohnmachtproblematik* zeigt sich aber unmittelbar in der therapeutischen Beziehung, (er will mich ohnmächtig machen). Auch der Inhalt seiner ergänzend zur Zeichnung erzählten Geschichte nimmt diese Problematik (in der passiven Form) und zudem einen Lösungsversuch (Flucht) auf.

Im nächsten Kritzel, den der Patient selbst ergänzt, entsteht ein Fisch, der sich in einer Übergangssituation befindet: zwischen Fluss und Meer.

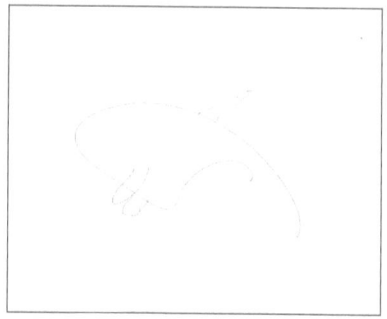 

Eigentlich handelt es sich um zwei Fische. Ein Süßwasserfisch ist mit enormem Tempo in einen Salzwasserfisch hineingeschwommen. Diese Aufteilung führt zur Frage des Interviewers, ob Anton manchmal mit dem Körper in der Schule und mit dem Kopf woanders sei, zum Beispiel beim Tagträumen, das von Anton ziemlich entwertet wird, den Interviewer aber zur Bemerkung veranlasst, möglicherweise ließen sich solche Fantasien noch genauer ergründen.

Anton produziert ein *originelles Gebilde*, das zwei unterschiedliche Welten, (Süß- und Salzwasserfisch), zu vereinen sucht. Der Dialog findet in einem Zwischenbereich zwischen Fantasie und Realität statt. Ein *Spielraum* scheint entstanden zu sein, in dem der Selbst- und der Objektrepräsentanz eine gewisse Vorläufigkeit zugeteilt ist.

Anton zeichnet im nächsten Kritzel eine Leiter und ein Häuschen auf einem Spielplatz.

Dächer und Röhren bilden ein rutschbahnähnliches Gebilde mit einer Führungsschiene, die der Orientierung dienen soll, aber alles auf den Kopf dreht und später eine Rückdrehung erfordert: elektrische Hände, die einen umdrehen. Obwohl bewusst sehr abwehrend, ist der Patient unbewusst recht kooperativ, versucht zu erklären, findet aber keine Worte. Die Vorstellung einer Geburt lehnt er auf der bewussten Ebene ab.

Der Spielplatz tritt nun explizit in Erscheinung. *Orientierungsversuche und gleichzeitige* Verdrehungen sowie die Schwierigkeit, geeignete Worte für das Erleben zu finden, weisen auf einen Versuch des Patienten hin, komplexe, frühe, innere Erlebniszustände mitzuteilen.

Der Junge hätte aus dem nächsten Kritzel ein Ungeheuer mit Zähnen und einem großen Rachen gemacht, sieht aber das nun entstandene Kind mit einer Kasperlekappe.

Sein »Vieh« hätte man mit einem richtigen Waffenarsenal bekämpfen können; Zombies hätten es umbringen oder Polizisten hätten es abknallen können. Anton hat wohl Angst vor den Geschehnissen in seiner Fantasie, weniger vor diesen in Filmen oder Spielen. Er spricht aber nicht gerne darüber, obwohl er vielleicht gerade deswegen zum Gespräch kommt. Mit dem Satz »ich weiß nicht« und indem er so tut, als ob er nichts wüsste, wehrt er ganz bewusst ein näheres Eingehen auf diese Thematik ab.

Sein nicht gezeichnetes Monstrum hätte schnell erneut in eine Kampf- und damit Macht-/Ohnmachtsituation hinein geführt. Der *Nicht-Gebrauch kognitiver Fähigkeiten* (»ich weiß nicht«) ist Ausdruck des *Widerstands*, der bei der *Ambivalenz* zwischen einem Mitteilungs- und einen Schutzbedürfnis auftritt.

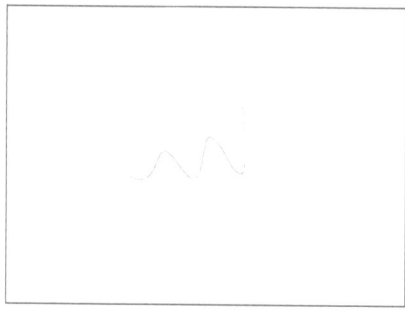

Den letzten Kritzel gestaltet Anton zu einem prächtigen, 200 Meter langen Dampfer, der auf einem See oder auf dem Meer fährt. Er wird von einem Piratenschiff beschossen und hat einen großen Schutzwall errichtet. Schließlich aber bricht er doch in zwei Teile und sinkt. Aber auch das Piratenschiff sinkt. Ein Rettungsboot nimmt die Leute des Dampfers auf. Auch für die Piraten erscheint ein »Rettungsding«.

Angesprochen auf seinen zum Ausdruck gebrachten Rettungswunsch, bestätigt Anton diesen. Er gestaltet als Seitenzahl der Zeichnung zweimal eine »Piraten-Fünf«, die einmal einen Totenkopf und das andere Mal eine Pistole darstellt. (Offenbar möchte er gerne Hilfe in gefährlichen Situationen.)

Der *Mitteilungswunsch überwiegt.* Anton bietet *sehr reichhaltiges »Bildmaterial«* an. Versteht man den prächtigen Dampfer als Ausdruck einer Größen-Selbst-Repräsentanz und das Piratenschiff als Darstellung einer Objektrepräsentanz, so berichtet er von der *Katastrophe der Spaltung,* (zerbrechen in zwei Teile), einer *lebensbedrohlichen Situation* und von einem *Rettungswunsch* mit Auftauchen von Rettern (einer dritten Einheit).

Anton dokumentiert in dieser Sequenz nicht nur seine Bereitschaft, sich auf einen analytischen Prozess einzulassen, sondern auch eine Fähigkeit, das reale Gegenüber als ein Objekt zu verwenden, das ihm behilflich sein könnte, eine Modifikation seiner Innenwelt zu erreichen (zum Beispiel die Umwandlung zerstörerischer Impulse in konstruktive »Produkte« innerhalb von Übergangsräumen oder die Reintegration von aufgespaltenen Selbst- und Objektrepräsentanzen).

13. Schluss

Sucht der Säugling den Blickkontakt zur Pflegeperson, so sieht er sich in ihrem Auge. Er findet sich aber erst, wenn – nach intensiven imitatorischen Vorgängen – eine eigentliche Identifikation mit ihr erfolgt. Die primäre

Selbstrepräsentanz gestaltet sich somit nach dem Vorbild einer anhand primärer Beziehungspersonen gebildeten Objektrepräsentanz. Kommt es im zweiten und dritten Lebensjahr einerseits zum reflexiven Denken und zum Gewahrwerden eines ähnlichen, wenngleich getrennten Wesens, das vergleichbare Funktionsweisen wie man selbst aufweist und das in eigenen Beziehungsformen zu einem Dritten im Bunde steht, so werden die Identifikationen selektiv. Die realen äußeren Personen greifen spürbar in die Affektregulation des Kleinkindes ein und »vererben« solche Anteile auch an die von ihnen gemachten Repräsentanzen. Diese internalisierten Figuren oder Schemata haben somit noch immer eine Eigenaktivität, die aber deutlich geringer ist, da sie unter einer gewissen Kontrolle der übrigen Innenweltvorgänge ablaufen.

Literatur

Bruner, Jerome (1993): Wie ein Kind sprechen lernt. Bern (Huber).
Bruner, Jerome (1997): Sinn, Kultur und Ich-Identität. Heidelberg (Auer).
Bürgin, Dieter; von Klitzing, Kay (1995): Prenatal representations and postnatal interactions of a threesome (mother, father, baby). In: Bitzer J., Stauber M, (Eds.): Psychosomatic Obstetrics and Gynaecology. Bologna (Monduzzi), S. 185–191.
Freud, Sigmund (1915): Triebe und Triebschicksale. GW X.
Grunberger, Bela (1988): Narziss und Anubis. Bd. I und II, Regensburg (Verlag internationale Psychoanalyse).
Hinshelwood, Robert D. (1993): Wörterbuch der kleinianischen Psychoanalyse. Stuttgart (Verlag internationale Psychoanalyse).
Laplanche, Jean, Pontalis, Jean-Bertrand (1972): Das Vokabular der Psychoanalyse. Frankfurt (Suhrkamp).
Meltzer, Donald (1995): Traumleben. Stuttgart (Verlag internationale Psychoanalyse).
Meltzer, Donald (1995): Der Psychoanalytische Prozess. Stuttgart (Verlag internationale Psychoanalyse).
Meltzoff, Andrew N.; Moore, M. Keith (1994): Imitation, memory and the representation of persons. Infant Behavior and Development 17, 83–99.
Rascovsky, Arnaldo (Hg.) (1978): Die vorgeburtliche Entwicklung. München (Kindler).
Rascovsky, Arnaldo (1974): Das Ich als doppeltes Es und die Entwicklung der primitiven Objektbeziehung. In: Graber, G. H. (Hg.): Pränatale Psychologie. München (Kindler).
Rilke, Rainer Maria (1955): Duineser Elegie. In: Sämtliche Werke. Wiesbaden (Insel).
Roudinesco, Elisabeth; Plon, Michel (2004): Wörterbuch der Psychoanalyse. Wien (Springer).
Sloterdijk, Peter (1998): Sphären. Bd. I, Frankfurt (Suhrkamp).
Spitz, René (1969): Vom Säugling zum Kleinkind. Stuttgart (Klett).
Stern, Daniel (1992): Die Lebenserfarung des Säuglings. Stuttgart (Klett-Cotta).
Winnicott, Donald W. (1976): Übergangsobjekte und Übergangsphantasien. In: Winnicott, D. W.: Von der Kinderheilkunde zur Psychoanalyse. München (Kindler), S. 293–312.

Zu Dieter Bürgins
»Anmerkungen zum Objektbegriff«

Wolfgang Roell

1. In der Psychoanalyse war das empirische Wissen über die Entwicklung von äußerer und innerer Realität bis etwa Mitte des letzten Jahrhunderts an die analytischen Erkenntnisse aus der Behandlung erwachsener Personen gebunden. Kindliche Bildungsgeschichten und -schicksale wurden rekonstruiert. Erst in den Fünfzigerjahren wurde das retroaktive Vorgehen der Psychoanalyse (die Verschränkung von Übertragungsneurose und infantiler Neurose) durch Erkenntnisse aus Kinderanalysen (zum Beispiel von Anna Freud und Melanie Klein) und später dann auch durch die systematische wissenschaftliche Kinderbeobachtung erweitert. Der Fokus lag nun nicht mehr auf dem »Dort und Damals«, sondern verschob sich auf das »Hier und Jetzt«. Das rekonstruierte Kind bekam ein Geschwister: das reale Kind.

Während sich die Psychoanalytiker von der Gegenwart aus in das Feld der Nachträglichkeit bewegen, unternehmen die Säuglings- und Kinderbeobachter ihre Reise von der Gegenwart aus in das Feld der Vorzeitigkeit. Die Babybeobachtung ist in starkem Maße mit der Frage befasst »Wie wirkt sich das, was ich jetzt wahrnehme, auf die weitere Entwicklung aus?«, also mit einer prospektiven und ontogenetischen Perspektive.

2. Die psychoanalytischen Vorstellungen über die *pränatale* Entwicklung (Rascovsky 1986), insbesondere die Annahme angeborener Fantasien im Es, überschätzen meines Erachtens die primitiven Mentalvorgänge im Fötus. Auch die Vorstellung eines fötalen Ichs, das die inneren Objekte omnipotent kontrolliert, scheint mir an so viele mentale Voraussetzungen gebunden zu sein, dass es mir schwer fällt zu glauben, diese seien bereits im Fötus aktiv bzw. entwickelt. Nicht nur müsste eine mindestens rudimentäre Objekt-

Repräsentanz vorhanden sein, das Ich müsste diese auch als »verfolgend« erleben, also einen es bedrohenden Kausalzusammenhang herstellen können, um daraufhin »omnipotent kontrollierend« zu reagieren, das heißt mit der Vorstellung, imaginativ Einfluss auf dieses innere (Teil-)Objekt nehmen zu können. Die stillschweigende Voraussetzung, die in dieses Szenario einfließt, besteht unter anderem darin, dass dem Fötus ein Verständnis von sehr komplexen kognitiv-affektiven Ursache-Wirkungsbeziehungen unterstellt wird.

3. Durch die Geburt wird das Ich genötigt, Beziehungen zur Außenwelt aufzunehmen, weil die inneren Objekte nicht mehr das gewünschte Maß an Befriedigung bieten können. Das Ich projiziert das innere Objekt auf das äußere; die Fantasiebrust wird auf die reale Brust projiziert.

Auch hier wird von der Vorstellung ausgegangen, dass bereits nach der Geburt komplexe mentale Bilder in Form von Fantasien vorliegen, die in einer Wahrnehmungsidentität mit dem gesuchten und gefundenen äußeren Objekt (in diesem Fall der Brust) verschmelzen. Um es pointiert zu formulieren: Ist eigentlich alles Finden immer »nur« ein Wieder-Finden? Könnte man nicht auch sagen: Da die inneren Möglichkeiten des Säuglings zur Regulierung seines Befindens (Lust-Unlustspannung) begrenzt sind, ist er in hohem Maß darauf angewiesen, dass seine Beziehungspersonen intuitiv spüren, welche interaktiven Prozesse notwendig sind, damit sich bei ihm eine zufriedene psycho-physische Homöostase einstellt. Und kann die emotionale Verlaufsgestalt dieses Vorgangs nicht eine genuin neue Erfahrung in der Entwicklung des kindlichen Selbst darstellen? Das wäre nun eine weitere Perspektive: Durch den Anderen komme ich zu mir selbst. Beide hier skizzierten Prozesse sind miteinander verschränkt.

4. Auch bei Melanie Klein besteht eine ontogenetische Setzung des Objekts. Dieses ist bereits als Teilobjekt vorhanden und durchläuft dann eine wechselvolle subjektive Entwicklungsgeschichte (eher desintegrierend, Partialobjekt, oder eher integrierend, »ganze« Objekte usw.). Von der modernen Entwicklungspsychologie aus betrachtet, hat Klein vermutlich die frühen kindlichen kognitiv-emotionalen Prozesse überschätzt. Bei den von ihr entworfenen dichten Beziehungsbildern (ein Beispiel: das Baby attackiert den Penis des Vaters, der sich in der Vagina der Mutter befindet, als Ausdruck seines Neids auf das exklusive Zutrittsrecht des Vaters) handelt es sich um mentale Gestalten und Formen aus der Welt des Erwachsenen, die in die Frühzeit der Kinder-

entwicklung transponiert werden; sie können aber durchaus zum Verständnis schwerer psychischer Störungen beim Erwachsenen beitragen.

5. Das Baby braucht besonders die Mutter, aber nicht nur sie, sondern alle ihm nahe stehenden Bezugspersonen als Orte eines träumenden Austausches. Es artikuliert sich unmittelbar körperlich-affektiv, durch zufriedenes Glucksen, herzerweichendes Weinen oder ein stilles Lächeln. Und wir, die Erwachsenen und Geschwister, werden verzaubert und lassen uns verzaubern. Die Gabe, verwandelnd auf eine Person einzuwirken, besitzt nach Bollas (1997) das so genannte »Verwandlungsobjekt«. Die Mutter verwandelt durch ihre einfühlende Zuwendung die Seinszustände des Kindes. Sie vermag zum Beispiel unlustvolle Spannung in zufriedene und ruhige Entspannung zu transformieren.

»Das Subjekt strebt zum Objekt hin, um sich ihm als einem Medium hinzugeben, welches das Selbst verändern und das Flehen des Subjekts erfüllen soll; es gibt ihm nämlich das Gefühl, Adressat einer auf seine Umwelt wie seinen Körper gerichteten Fürsorge zu sein, die es mit Metamorphosen des Selbst gleichsetzt« (Bollas 1997, S. 26).

Man könnte noch die wichtige Ergänzung hinzufügen, dass es nicht nur das Verwandlungsobjekt ist, welches die Seinszustände des Subjekts verändert, sondern dass auch das Objekt durch das Subjekt rückwirkend bezaubert wird. – Später, im Erwachsenenleben, wird das Verwandlungsobjekt gesucht. Die ästhetische Erfahrung stellt zum Beispiel eine solche Seinsmetamorphose dar, und in sie ist der emotionale Nachhall aus vergangener vorsprachlicher Zeit eingewoben. Die entwicklungsfördernden Aspekte des Verwandlungsobjekts korrespondieren auf der anderen Seite mit schmerzhaften entwicklungshemmenden bis hin zu destruktiven Selbstmetamorphosen.

6. In der emotionalen Choreografie zwischen Mutter und Kind kommt es notwendigerweise immer wieder zu Abstimmungsschwierigkeiten. Die Mutter als eine So-Seiende nimmt dem Kind in einer für das Kind verträglichen Weise die Illusion (im Sinne Winnicotts), dass sie die allmächtige Verwandlerin seiner Seinszustände ist. Das Kind entdeckt auf diese Weise seine Mutter als, wie Winnicott es formuliert hat, »objektives Objekt« bzw. als eine Andere, und – bezogen auf die analytische Kur – der Analysand entdeckt durch die Bearbeitung der Übertragung auf diese Weise seinen Analytiker. Das objektive

Objekt ist aber niemals ein »reines«, weil es immer wieder und überlebensnotwendigerweise der Ort projektiver Zuschreibungen ist. Denn es ist ein konstitutives Merkmal menschlicher Beziehungen, das Selbst im Anderen zu suchen und wiederentdecken zu wollen.

7. Das Real-Werden des Objekts, verstanden als eine dynamische und nicht statisch-positivistische Konstruktion, geht aus einem wechselseitigen Prozess von Illusionsbildung und einer dem Subjekt angepassten Desillusionierung hervor. Dieser Prozess verläuft zirkulär, das heißt, es besteht bei beiden Personen eigentlich ein dauernder Bedarf im Aufbau von Illusionen, der dann wieder abgearbeitet wird. Das Subjekt lebt mit der Anforderung, innere und äußere Realität in Übereinstimmung zu bringen. Illusionsbildung meint, dass im Subjekt durch die empathische Teilhabe der »genügend guten Mutter« das Vertrauen entsteht, dass das, was es erschaffen hat, auch wirklich besteht. Paradigmatisches Beispiel dafür ist die Mutter, die aus ihrem intuitiven Verständnis heraus die Brust gerade in dem Moment darbietet, in dem das Kind für diesen schöpferischen Prozess bereit ist. Etwas Ähnliches meint Stern, wenn er davon spricht, dass das Ausmaß der Genauigkeit, mit dem die Mutter den Zustand ihres Kindes erfasst, das Ausmaß der Kohäsion der kindlichen Erfahrung bestimmt, wobei diese gegenseitige Regulierung dann zur Bildung von Erwartungen führt, die die Basis des impliziten Beziehungswissens bilden.

8. Fonagy (2004) beschreibt einen dreijährigen Jungen, der sich sehnlichst ein Batman-Kostüm wünscht. Eines Tages bringt der Vater ihm eines mit. Sogleich zieht der Bub es voller Freude an. Als er sich dann aber im Spiegel sieht, bekommt er einen riesigen Schrecken, zieht das Kostüm sofort wieder aus und legt es für immer auf die Seite. Warum? Weil er Batman im Spiegel gesehen hat und nicht mehr sich selbst, der Batman spielt. Die Wirkmächtigkeit der äußeren Realität hat für einen Moment die Regie der Szene übernommen und den kindlichen Spielregisseur abgesetzt. Nicht nur deshalb reagiert der Bub erschrocken (aus Hilflosigkeit und Kontrollverlustängsten), sondern auch weil der repräsentationale Charakter der Figur in diesem Moment verschwunden ist. Das war der leibhaftige Batman, der dort erschien, und nicht mehr der Batman als Repräsentant der kindlichen Spielszene.

Nach Fonagy besteht eine der wesentlichen Aufgaben der kindlichen Entwicklung darin, aus dem Modus der »psychischen Äquivalenz«, der etwa bis zum Alter von drei Jahren vorherrscht und der sich dadurch auszeichnet, dass die Vorstellungen als direkte Abbilder der Realität verstanden werden, die immer wahr sind, in den Modus des »als ob« einzutreten, in dem mit der Realität gespielt wird. Spielende Kinder sind große Zauberer, Illusionisten, (im Wort Illusion steckt auch das lateinische Wort »ludere« = »spielen«), die auf diese Weise mentalisieren lernen; das heißt, sie begreifen langsam, dass es eine vorgestellte innere Realität gibt und eine äußere. Eltern und älteren Geschwistern kommt in diesem Spiel eine wichtige Funktion zu: Sie treten als Mitspieler in die kindliche Welt ein und bilden gleichzeitig den Rahmen der äußeren Realität.

»Das Kind braucht einen Erwachsenen – oder auch ein älteres Kind –, jemanden, der ›mitspielt‹, damit es seine Fantasie oder Idee durch diesen Anderen repräsentiert sehen kann; dies ist die Voraussetzung dafür, dass es sie reintrojizieren und als Repräsentanz seines eigenen Denkens benutzen kann« (Fonagy 2004, S. 271).

Der Bub spielte nach diesem Vorfall übrigens weiterhin Batman, aber er nahm in weiser kindlicher Voraussicht dazu Mutters Schürze. Diese war dem Batman-Kostüm unähnlich genug, damit er genau den Batman spielen konnte, den er sein wollte. Und wer weiß, wozu ein Repräsentant der mütterlichen Welt sonst noch gut ist bei den gefährlichen Abenteuern, die ein Batman zu bestehen hat.

9. Die behutsame Arbeit der Desillusionierung leistet das Objekt; das Subjekt hingegen kann das Objekt erst dann verwenden und lieben lernen, wenn dieses die Destruktion überlebt und sich nicht rächt (Containing Funktion). Die ständige Zerstörungsarbeit macht die Realität des Objekts überhaupt erst erlebbar. Diese Destruktion bleibt für das Subjekt eine unbewusste Fantasie. Mit Destruktion meint Winnicott nicht Zorn oder Wut, sondern, wie ich es umschreiben würde, einen Vorgang der psychischen Verwitterung und Zersetzung. In der Geologie wird der Begriff der Destruktion in diesem Sinne verwendet: die Abtragung der Erdoberfläche durch Verwitterung. Indem permanent psychisches Projektionsmaterial, welches dem Objekt gilt, unbewusst zersetzt wird und das Objekt diese Zerstörung überlebt, wird es zu einem realen Objekt. Das Real-Werden des Objekts ist für das Subjekt schmerzhaft, weil es sich nicht mehr im Anderen wiederfindet. Dieser Trennungs- und Verlustschmerz kann vom Objekt dadurch gemildert werden, dass es das Allein-Sein des Subjekts mit ihm zusammen trägt und das Subjekt sich nicht verlassen fühlt.

Reagiert das Objekt hingegen zum Beispiel mit Vergeltung oder Angst, dann wird diese Zersetzung bewusst und als Aggression erlebt. Die existenziellen Vernichtungsängste von Borderline- und schwer gestörten narzisstischen Patienten sind meiner Ansicht nach genau hier zu verorten: Durch die Vergeltung des Objekts wird zum einen die unbewusste Zerstörung projektiver Zuschreibungen plötzlich bewusst und als Aggression erlebt, und zum anderen fühlt sich das Subjekt im selben Moment auf eine schreckliche Weise vom Objekt verlassen, weil es sich nicht mehr im Anderen wiederfindet.

10. Die Psychoanalyse ist nicht nur ernst, sondern auch humorvoll. Da wir heute Freuds 150. Geburtstag feiern, lassen Sie mich mit einem Gedicht von Robert Gernhardt (2003, S. 108) schließen, welches die Entstehung der Innen- und der Außenwelt noch unter einem anderen Gesichtspunkt darstellt, als ich es getan habe. Sie können das Wort »Philosoph« in dem Gedicht bedenkenlos durch »Psychoanalytiker« ersetzen:

> Die Innen- und die Außenwelt,
> die war'n mal eine Einheit.
> Das sah ein Philosoph, der drang
> erregt auf Klar- und Reinheit.
>
> Die Innenwelt,
> dadurch erschreckt,
> versteckte sich in dem Subjekt.
>
> Als dies die
> Außenwelt entdeckte,
> verkroch sie sich in dem Objekte.
>
> Der Philosoph sah dies erfreut:
> indem er diesen Zwiespalt schuf,
> erwarb er sich für alle Zeit
> den Daseinszweck und den Beruf.

Literatur

Bollas, Christopher (1997): Der Schatten des Objekts. Stuttgart (Klett-Cotta).
Fonagy, Peter (2004): Affektregulierung, Mentalisierung und die Entwicklung des Selbst. Stuttgart (Klett-Cotta).
Gernhardt, Robert (2003): Wörtersee. Frankfurt (Fischer).
Rascovsky, Arnaldo (Hg.) (1986): Die vorgeburtliche Entwicklung. Psychoanalytische Untersuchungen zur pränatalen Psychologie. Frankfurt (Fischer).

Wenn eine Sprache ausfällt, spricht ganz deutlich der Trieb

Georges-Arthur Goldschmidt

Eine Sprache ist, dass sie erhört werde, verstanden werde; in ihr soll vorhanden sein, was in ihr nicht ist. Sie soll vermögen, was man nicht kann; was nicht ist, werden lassen, also der Esel soll Gold spucken. Sie soll einem geben, was man nicht hat, denn warum würde man sonst überhaupt sprechen, schreien, brüllen, flehen, bitten, schimpfen oder beleidigen? Dazu soll die Sprache noch, wie es so albern heißt, vor allem »Sinn machen«. Sinn ist aber gerade das, was sie nicht machen kann, sie kann ihn höchstens bedeuten, nie aber sein. Spätestens seit Wittgenstein – und lange vor ihm wusste es schon Karl-Philipp Moritz – weiß man, dass sie vieles kann, aber niemals Sinn machen.

Sinn gibt es nicht, der steht nirgendwo geschrieben und wird nirgendwo gesprochen. Sinn ist immer nur im Köpfchen desjenigen, der ihn finden will. Von der Sprache sieht man Gekrakel auf Papier oder heute auf Bildschirmen und hört merkwürdige Laute aus allen Kehlen und allen verschiedenen Medien.

Mit solchen Gemeinplätzen fängt ja alles an, denn Sprachen sind es nur, weil ich sie verstehe – und die anderen mit mir –, weil ich ihnen also von vornherein schon vorweg bin, von ihnen erwarte, was sie mir nicht geben können. Jede Sprache ist ihr Anderssein, sie besteht aus dem, was sie noch nicht gesagt hat und was eine andere Sprache ihr sozusagen vormacht, nicht unbedingt besser macht, jedenfalls aber so macht, wie jene Sprache es eben nicht macht. Es ist zum Beispiel nicht so, dass man im Französischen gerade das finden würde, was im Deutschen fehlt oder umgekehrt. Man wäre da schön düpiert, wie Lacan es nennen würde.

Jeder weiß doch, was ihm fehlt, und in der Sprache findet er es sowieso nicht, und in der anderen oder den anderen noch weniger, deshalb wird auch immer weiter gesprochen, und zum Glück wird das so bald nicht aufhören. Ich spreche nämlich, weil die Sprache mir nicht passt, daher der Versuch es doch weiter zu machen. Oft glaubt man, in der anderen zu finden, was die eigene nicht hat.

So zum Beispiel hat das Deutsche zweifellos für Freud vorgearbeitet und ihm manches leicht gemacht, was ihm das Französische ja gerade so schwer macht, obwohl weder die eine noch die andere Sprache ihm etwas vormacht, sonst wäre er ja nicht Freud, und zwar der, der den Sprachen unter die Nägel schaut. Es sieht so aus, als sei Freud der Chefübersetzer überhaupt, der große Häuptling der Übersetzerhorde, nur dass er es wahrscheinlich ganz anders gemacht hätte, wenn er es mit dem Französischen und nicht dem Deutschen zu tun gehabt hätte.

So hätte er sich das Wort »Trieb« erst erfinden müssen, das es im Französischen ja gar nicht gibt. Man kann sich die ersten französischen Übersetzer dabei vorstellen, wie sie sich in den Bart griffen, auf und ab gingen und nichts dabei herauskam, nach langem vergeblichen Suchen, als ein armseliger »instinct«, als ob es den nicht schon im Deutschen gäbe. Freud gebraucht ihn ja eben nicht, wenn er Trieb meint, da er doch nicht das eine für das andere hält, dafür hat ja die deutsche Sprache gesorgt, und da liegt auch der Hase im Pfeffer, was ihn ja würzig macht. Also anders ausgedrückt: Es spricht am meisten da, wo es in der Zielsprache nicht funktioniert oder redet am meisten da, wo es nichts sagen kann, oder was die eine Sprache verschweigt, gibt auch die andere nicht zum Besten. Man zappelt über der Sprachleere und damit fängt auch der Sinn an. Der ist nämlich, insofern er das Objekt der Analysen Freuds ist, das was nicht durchkommt, am Sprachgitter stecken bleibt und was als ungesagt ebenso gut als unbewusst bezeichnet werden kann. Ist das Unbewusste in einer Sprache immer bewusst in der anderen?

Sehr schnell, und zwar 1910, hat man als Ausweg das Wort »pulsion« erfunden, ein seltenes, kaum gebrauchtes Wort für den im Deutschen so alltäglichen »Trieb«, ein Wort, das mein Vater gebrauchte, wenn ich zu eilig mein Eis am Stiel auswickelte und es zu Boden fiel: »Siehst du, jeder ist das Opfer seiner Triebe« – was ein französischer Vater seinem Kind ja nicht sagen kann, genauso wie er ihm nicht sagen kann, dass etwas, was zum Erschreckenden, Angst- und Grauenerregenden gehört, »unheimlich« ist. Und doch ist für beide Väter, den deutschen wie den französischen, die Sache dieselbe. Sie werden damit, der eine wie der andere, genauso wenig fertig; der eine hat das Wort, der andere hat es nicht, davon wird die Sache nicht besser, jedoch deutlicher.

Die Zusammensetzungsfähigkeit des Deutschen, seine Fähigkeit, Wörter nach Belieben zu bilden, hat vielleicht zur Entdeckung der Psychoanalyse im deutschen Sprachbereich beigetragen, als ob die Wortfülle das Sprachschweigen oder die Sprachverweigerung, das heißt die Verdrängungen, die sie überdeckt, in der anderen Sprache aufdecke. Das Deutsche kann alles; in welcher Sprache sonst könnte man solche Herrlichkeiten wie »Leichenschmaus«, »Galgenhumor«, »Erbschleicher« oder ähnliche sprachliche Meisterwerke erfinden, als im Deutschen? Die Spracherfindungen sind unerschöpflich.

Für wenige der wichtigen Konzepte und Ausdrücke der psychoanalytischen Sprache, und der Freuds insbesondere, gibt es entsprechende Übersetzungen, alleine schon »das Unbewusste« ist etwas völlig anderes als »l'inconscient«. Ersteres ist ein Neutrum und partizipiales Beiwort, im Französischen ist es männlich – es gibt im Französischen kein Neutrum – und ist aktiv, eine Art Autorität, eine Art Herr General aus der Rue de Lille, der bei Gallimard verkehrt und seine Befehle ausgibt, wohingegen »das Unbewusste« eher heimlich und tückisch im Hintergrund seine Wühlarbeit verrichtet.

»Hemmung« ist auch ein Wort aus dem Alltag, wogegen »inhibition« aus der Hochsprache kam, so wie »aktiv«, »Symbol«, »Fantasie«, »Komplex«, »Negation« und viele andere aus dem Französischen oder Lateinischen kommen und dann im übersetzten Kontext ganz anders wirken als im Deutschen. Es ist, als ob sich die französische Sprache gegen die Übersetzung Freuds sträube, vielleicht, weil sie das alles während ein paar Jahrhunderten höfischer Kultur schon hatte.

Das Sprachniveau ist ein ganz anderes, Freud im Deutschen hört sich beinahe volkstümlich an, er ist schriftstellerisch in der Sprache verwurzelt wie viele andere Autoren seiner Zeit. Das Besondere an dem, was er sagt, steckt im Inhalt, im Sinn, in der Kühnheit des Denkens, nicht aber in einer besonderen, extra dafür erfundenen Sprache. Sonst hätte man doch nicht Thomas Mann gebeten, 1938 seine berühmte Rede zum achtzigsten Geburtstag Freuds zu halten, sie ist mit »Freud und die Zukunft« betitelt und ist vielleicht das Klügste, was je zu Freud gesagt wurde.

Kein Wort bei Freud, das nicht schon vor ihm benutzt worden wäre, wenn auch mit oft anderen Akzeptationen. Die einzigen, seltenen Wortschöpfungen Freuds kommen aus dem Französischen. Nie aber hat Freud die deutsche Sprache zum eigenen Gebrauch umgebaut, er hat sich nicht die in der späteren deutschen philosophischen Literatur gang und gäbe gewordenen Sprachhochstapeleien erlaubt, vor denen die französischen Philosophaster baff stehen und ins Blaue hineinglotzen. Freud ist eben ein großer Schriftsteller, indem er der Sprache nie sein Denken aufdrängt, sondern versucht, es allgemein verständlich zu machen, was natürlich die französischen Philosophaster auf Touren bringt.

Nicht von ungefähr hat Thomas Mann ihn als Schriftsteller und Meister der deutschen Sprache gewürdigt.

Auf den ersten Blick sieht man Freud typografisch nichts Besonderes an, im Französischen dagegen ist er schon von der schriftlichen Erscheinung her auf ganz hohem und einschüchterndem Niveau. Der gewöhnliche Leser wird gezwungen – dazu sind die Hierarchien doch da –, sich zu sagen, so etwas ist nicht für mich. Wo wäre sonst der Charme der Sache, wenn man damit nicht zeigen könnte, dass man etwas Besseres ist? In Frankreich, und besonders in den analytischen Kreisen, scheint man die Sprache für sich behalten zu wollen, als Initiationsritus zum wahren Wissen.

Das Problem ist daher: Wie kommt es, dass es anscheinend unmöglich ist, Freud in eine klare und zugängliche Sprache zu übersetzen? Nicht nur Eitelkeit und »Happy-few-Prätention« ist dabei im Spiel, obgleich deren Rolle entscheidend ist, sondern auch eine natürliche Schwierigkeit. Es ist nämlich fast unmöglich, die Sprachpegel, wenn man sich einen solchen Ausdruck erlauben kann, einander anzugleichen.

Im Französischen ist Freud immer mehr technisiert als im Deutschen, seine Sprache wird zu einer richtigen Geheimsprache für einige Spezialisten. So hat man vor einiger Zeit für das einfache Wort »Hilflosigkeit« das Wort »désaide« erfunden, als ob es nicht schon »désarroi« oder auch das schöne »désemparement« gäbe, und für »Sehnsucht« schuf man sich »désirance«, eine absurde Novität, und dies vor allem, um sich möglichst von der Allgemeinverständlichkeit zu entfernen. Es bleibt zu fragen, weshalb das Sprachniveau zu einem ganz anderen wird; es ist, als sollte im Französischen Freud möglichst unter Verschluss gehalten werden, so weit weg wie möglich vom »kleinen Mann«, vom gewöhnlichen Alltagsleser – wo doch Freud, wie auch Bergson, aber gerade und nicht von ungefähr eine schöne, stilistisch sorgfältig ausgearbeitete Sprache schrieben, denn sie ahnten bestimmt, wie wichtig es war, dass ihr Denken unter die Leute kam.

So kann es nicht ohne Konsequenzen bleiben, dass man derart unbedingt der Sprache weismachen will, dass man es besser kann. Denn da, wo das Französische sich mit Händen und Füßen dagegen wehrt, hat man ihm für »seelisch« »animique« aufgezwungen und aufgedrängt, wo doch gerade die

Seele derart beschaffen ist, dass sie auf nichts anderes ausgedehnt werden kann als auf sich selbst, woran uns Descartes in der zweiten »Meditation« erinnert, denn genau da liegt die Grenze zwischen vitalistischem Heidentum und monotheistischem Kritizismus. Dass das Französische sich kein Beiwort für Seele erschuf, führt ins intimste Wesen der Sprache. Ein Wort wie »animique« zielt absichtlich und eitel auf die Zerstörung der Sprache.

Die ganze widerborstige Tradition der französischen klassischen Realitätsauffassung weigert sich, die Seele über ihren präzisen Bereich hinaus zu erweitern. Gerade weil dem Wort »âme« kein Adjektiv hinzugefügt worden ist, sieht man, dass man es da mit einem neutralen, unengagierten Sprachgeist zu tun hat, durch den dann auch die Freiheit des Denkens besonders früh behauptet und formuliert werden konnte. Vielleicht ist man da nicht sehr weit entfernt von der alles bestimmenden Grenze zwischen römischem Paganismus und dem germanischem Heidentum, also dem »Es«-Denken und dem »Ich«-Denken. Im französischen Denkraum stieß Freud auf den Skeptizismus und auf die Negativität, auf die heimliche Rebellion des 17. Jahrhunderts.

Merkwürdigerweise schreibt Jacques Lacan, der doch nie ein Wort von Freud übersetzt hat, dafür aber wie kein anderer das Französische des 17. Jahrhunderts konnte, die Sprache Freuds am besten, klar, lustig, selbstsicher und voll fruchtbarer Paradoxien. Das Vokabular Lacans ist meistens sehr einfach und allgemein verständlich, nur dass die Zusammenstellungen ungewöhnlich sind und wie bei Freud das Verstehen auf ganz andere Wege geleitet wird. Manchmal wird auch, jeder sieht es, der Leser auf den Arm genommen, es wird mit ihm Jux getrieben, denn einzig der Ernst ist tierisch.

Die Schwierigkeit, es ist wahr, ist überall und besonders beim allereinfachsten und schon beim so elementaren »Es«, als kleines Beispiel dafür, dass das Analytische gerade im Zwischenraum beheimatet ist.

Wie um das Unbewusste ist es um das »Es« bestellt, und schon geht wieder nichts mehr, denn »es« wird selten »ça«. »Ça pleut« klingt anders und macht mehr nass als »il pleut«. In jeder französischen analytischen Schrift kommt das »ça« vor, wo es um etwas viel Schrofferes, Demonstrativeres geht als um das ein wenig unbestimmte fast verträumte »Es«.

Merkwürdigerweise blieb jedoch dabei das »en« unbeachtet, wie auch das »ce«. Mit dem »en«, »parlons-en« oder »je n'en sais rien«, ist man gerade im Bereich des insistierend Unbestimmten, welches alle Türen öffnet, ohne dass man wissen könnte welche. Dazu kann man »en« mit »es« übersetzen: »j'en ai marre«, »ich habe es satt«, »je n'en sais rien«, »ich weiß es nicht«. Jedenfalls hat »es« wenig mit dem autoritären, energischen, einschreitenden »ça« zu tun. So sehr wird das »ça« betont, dass es schon bald nach »çà« (Umstandswort des Ortes) klingt, »viens çà que je te tire les oreilles«, oder auch »çà, qu'on vienne«; obgleich allmählich völlig verpönt, hat solches »çà« doch irgendwie auf das »ça« abgefärbt, welches übrigens viel mehr an »das« denken lässt als an »es«, »ce n'est pas ça«, »das ist es nicht« oder »das ist nicht richtig«. Jedenfalls hört sich das ganze »Es-System« anders an als das »ça«, dem es so wenig wie dem »inconscient« an Energie und Durchschlagkraft fehlt.

Dass man einen so einfachen und so weltberühmten Satz wie »Wo Es war, soll Ich werden« nicht ins Französische übersetzen kann, ist doch die absolute Garantie für das Überleben der Psychoanalyse. Lacan hat in seinem Text »La chose freudienne« sehr schön darüber geschrieben: »›werden‹, devenir, c'est à dire non pas survenir, ni même advenir mais venir au jour de ce lieu même en tant qu'il est lieu d'être«, eine treffende Definition des Zeitworts »werden«, welches ja eben in diesem Sinne dem französischen »devenir« nicht ganz entspricht, umso weniger, als es zur grammatikalischen Gestaltung des Futurums gehört, welches in der Morphologie des Zeitworts im Französischen mit eingeschlossen ist: »je deviendrai« oder »je serai«. »Je deviendrai« ist etwas anderes als »ich werde werden«. Mit jedem Schritt wird man einer irreduktilen (auch wieder so ein unübertragbares Wort) Sprachdifferenz gewahr.

Dass die deutsche Sprache die Wörter »unheimlich« oder »Heimat« oder »Ahnung« hat, ändert an der Entfernung zur Sache nichts; es ist nicht so, dass man der Sache näher steht, weil man die Wörter hat, umso mehr als es »un leurre« ist, und da hat wieder die andere Sprache das Wort; »leurre« lässt sich höchstens mit »Attrappe« übersetzen – wieder so ein rein deutsches Wort.

Die Unübersetzbarkeit beruht immer auf Gegenseitigkeit; was die eine Sprache nicht kann, kann die andere anderswo auch nicht, als gehöre der Rest, von dem einst Molière sprach, zum Wesen der Sprachlichkeit überhaupt. Dass man nie ganz durchkommt, dass das Sprachfeld einer Sprache nie dem der anderen entspricht, macht ja erst die Psychoanalyse möglich, die sich doch genau in der Grauzone zwischen den Sprachen, wo es überhaupt nicht funktioniert, aufhält. Dass Freud so viele französische Termini (meistens richtig) anwendet und die französischen Analytiker so viele deutsche (meistens falsch), dieser Sprachwechsel gehört zum Wesen der Psychoanalyse.

Würde sich alles, und vor allem ein so entscheidender Satz wie der oben zitierte, umstandslos übersetzen lassen, gäbe es nichts mehr zu entdecken, nichts mehr zu bezweifeln, nichts mehr zu denken, es wäre die absolute Stummheit und kein Schweigen, und damit sind wir schon wieder da, wo die Sprache nicht mitmacht oder nicht ganz, einem zulächelt und sagt, »là tu te débrouilles«, »je ne marche pas«, denn »conscience« ist zugleich Bewusstsein und Gewissen, wie auch »silence« beides ist, Stille und Schweigen.

Max Picards schönes Buch »Die Welt des Schweigens« ist mit der Übersetzung des Titels in »Le monde du silence« ein etepetete schickes Reisebuch geworden. Im Deutschen wird vom Sprechenden erwartet, dass er die Arbeit alleine tut. Im Deutschen scheint immer irgendwie die Angst vorzuherrschen, nicht ganz so verstanden zu werden, wie man es meint; es ist, als setze man voraus, dass der Zuhörer unmündig und ein wenig infantil sei. Das ist natürlich bloß eine Vermutung.

Man könnte fast meinen, dass die deutsche Sprache das betont, was die französische auslässt, das Rauschen, Rascheln, Säuseln, Sirren der Blätter gibt es nicht, das heißt einfach »le bruit des feuilles«, weil sich jeder ausmalen kann, wie das ist. Im Französischen, soweit ich das überblicken kann (wieder ein kaum übersetzbares Zeitwort), gibt es zum Beispiel keine »Wichsvorlage«, im Französischen gehört sie anscheinend zur Sache, sodass nicht weiter darüber zu reden ist. »Toute vérité n'est pas bonne à dire.«

Dass das Deutsche nur das Wort »Scham« kennt, wo das Französische die Sache in »pudeur« und »honte« aufteilt, so wie Angst in »angoisse« und »peur«, könnte sehr wohl nichts mit der Sprache zu tun haben, denn Sprachen gibt es nicht an sich, es gibt sie nur, nochmals, innerhalb ihrer Geschichte, das heißt innerhalb der Geschichte der Unterjochung und Unterwerfung der Sprechenden. So kommt es nicht von der Sprache, dass die »Verzweiflung« aus Zweifel kommt und nicht aus Hoffnung wie »désespoir« im Französischen, genauso wie es »Obrigkeit« oder »Landesvater« heißt und man den so genannten »Vorgesetzten« vor noch gar nicht so langer Zeit mit »er« anredete; im Französischen hieß es allerdings »Je sollicite de votre Haute Bienveillance«, eine ähnliche Form der Untertänigkeit. Das Deutsche ist ganz von jahrhundertelanger Unterwerfung und willentlicher Verknechtung geprägt. Der Häuptling der Nazidenker, der Messkirchner SA Martin Heidegger, kann nichts dafür, dass »Opfer« gleichzeitig den Henker (also den Pfaffen) und den Geopferten meint, wo es sonst im Französischen »sacrifice« und »victime« heißt.

Vielleicht geht es nicht so sehr um die Sprachen selbst als um die Verschiebungen in ihnen. Freud schreibt in der alltäglichen Umgangssprache, wohingegen die französischen Übersetzungen immer sehr gehoben, nobel und besonders distanziert klingen. Wenn man Freud auf Französisch liest, gibt es nicht die besondere Tuchfühlung, wie man sie beim Lesen des deutschen Textes empfindet; aufs Gängigste und Selbstverständlichste werden Dinge gesagt, die noch keiner gesagt hatte, die alltägliche Sprache bekommt in aller Einfachheit der Worte eine völlig neue Bedeutung, eine radikale Umwertung aller Werte, ohne dass es irgendwie an Besonderheiten der Sprachen auffiele, ganz im Gegenteil. Freud schreibt, wie es Thomas Mann nicht entgangen ist, eine Sprache, die der Goethes nicht unverwandt ist.

Anders ausgedrückt, es ist, als ob sich die französische Sprache gegen Freud sträube, denn Freud lässt sich tatsächlich nur schwer ins Französische übersetzen, jedenfalls in eine flüssige, allgemein gebräuchlicher Sprache, schon alleine wegen des völlig entgegengesetzten Sprachbaus der beiden Sprachen. Sonst ist das »Psychoanalytische« im Französischen immer öfter nur noch ein Jargon, fast außerhalb der Sprache situiert, und dies vielleicht aus einem ganz einfachen historischen Grund.

Der Satzbau verläuft im Deutschen nach dem Prinzip der Verjüngung »zum Fußende« hin (ob das mit dem berühmten Todestrieb zu tun hat?); das heißt, dass man den Satz erst versteht, wenn man ihn nicht mehr hört, wenn er vorbei ist, was im Französischen undenkbar ist: Im Satz »Wenn ich mit meiner Großmutter, deren Haus am Waldrand steht und die einen braunen Hund hat, Waldbeeren suchen gehe, freue ich mich«, bleibt bis zum letzten Augenblick noch alles offen, die Möglichkeiten verringern sich von Wort zu Wort, bleiben aber noch sehr zahlreich bis zum Ende. Freuds Texte bestehen hauptsächlich aus solchen Sätzen, die im Französischen nur umgekippt funktionieren können: »Je suis content d'aller chercher des fraises des bois avec ma grand mère, sa maison est située à l'orée de la forêt«; oder umgekehrt; aber bei jedem Satzteil erfährt man das Wesentliche sofort, im Deutschen erst am Ende. Ein Beispiel aus einer deutschen Erzählung: »Und trotzdem war er sich im voraus der Macht oder der Bedeutung, die proklamiert würde im selben Moment, da er die Augen, nein, das Auge auf die Frau richtete, statt etwa herrscherisch eher beinahe ängstlich, bewusst« (Peter Handke, »Don Juan«). Achtundzwanzig Wörter zwischen den beiden Teilen des Hauptsatzes. Oder einfach: »Der vor Jahren von meinem Großvater vor das Haus gepflanzte Baum steht in voller Blust.« Neun Wörter zwischen Artikel und Nomen, es hätten genauso gut zwanzig sein können.

Die Zeit, oder besser gesagt die Dauer der Analyse, kann doch dementsprechend im Deutschen und im Französischen nicht die gleiche sein, der französische Analysand will wahrscheinlich sein Sollen eher loswerden als der deutsche.

Der zeitliche Ablauf in den beiden Sprachen entwickelt sich anders in derselben Dauer, er spielt sich fast in entgegengesetzter Richtung ab, schon wegen des grammatikalischen Aufbaus der beiden Sprachen, wo doch das Deutsche syntaktisch eine Sonderstellung inmitten der westeuropäischen Sprachen einnimmt, aber heute allmählich der europäischen Norm mehr und mehr entspricht.

Die Psychoanalyse muss im Französischen rückwärts gehen, da doch fast alles umgekehrt verläuft, »le grand toit rouge« und »das große rote Dach«, das Französische kann das Adjektiv voran- oder nachstellen. »Lebensgefahr« und »danger de mort«, das Französische sieht zum Beispiel von oben, was das Deutsche von unten sieht, »un mammifère« und »ein Säugetier«, »ein Säugling« und »un nourrisson«. Das Deutsche beschreibt, wo das Französische andeutet, »Hosenträger« und »bretelles«, »Kochtopf« und »casserole«, »Fahrkarte« und »billet«, »grand zygomatique« und »großer Herabzieher« (ein Gesichtsmuskel), »accordéon« und »Ziehharmonika«, »tiroir« und »Schublade« oder »Windhose« und »tornade«. Noch viel beunruhigend realistischer sind ein »Bluter« und ein »Mutterkuchen«, wo die andere Sprache »hémophile« und »placenta« sagt. Solche Beispiele ließen sich kiloweise anführen; damit könnte man einen ganzen »Mülleimer« oder eine »poubelle« füllen.

Im Französischen kann man nicht fahren, es gibt weder leise noch laut, man kann auch nicht wissen, ob man stellt oder legt, man kann auch nicht wissen, wie man überhaupt herauskommt, ob zu Fuß oder im Fahrzeug: für »Ausfahrt« und »Ausgang« gibt es nur eine »sortie«.

Es gibt Variationen wie das berühmte »Marquise vos beaux yeux me font mourir d'amour«, das man auf vier verschiedene Weisen umbauen kann, ohne dass sich dabei der Sinn ändert, was im Deutschen unmöglich ist. Auf der Sprachbühne stehen die Wortakteure ganz anders, Freuds Texte werden im Sprachtheater ganz anders aufgeführt. Hof und Garten liegen umgekehrt, der »Rattenmann« tritt vielleicht von links auf die Bühne und nicht von rechts, es sieht alles anders aus, weil die Wortfolge, also der Ideengang, nicht denselben Weg geht. Das ist genauso wie beim Kafka-Übersetzen: Wenn man die Wortfolge nicht genau beachtet, wird das Erzählte anders, wie bei Freud kommt es unter anderem auf das zeitliche Nacheinander, auf den zeitlichen Aufbau an. So war der deutsche Satzbau für die Entstehung der Psychoanalyse bestimmt determinierend mit seiner komischen Verjüngung zum Fußende hin.

Aber das Nichts ist etwas, »rien« ist keine sichtbare Negation, auch nicht »nie« und »jamais«, das an sich nicht negativ ist. Überall ist die Wirklichkeit natürlich dieselbe, nur dass sie anders angegangen wird; ob das analytisch von Bedeutung ist? Der Zugang zur selben Realität ist ein ganz anderer. Der Raum wird im Französischen vorausgesetzt, im Deutschen überall beschrieben, unterstrichen, betont, der Umraum gehört zum Wesen der deutschen Sprache, die ganze Wortzusammensetzung beruht auf räumlichen Vorsilben: ab, an, auf, in, um, unter, über, vor, und wie im Lateinischen weiß man, ob es Ortswechsel gibt oder nicht.

Der Raum wird überall mitgesagt, sodass das Räumliche sich ganz anders in der Geschichte der beiden Malereien ausdrückt, es braucht wenig Übung, um sofort deutsche von französischer Malerei zu unterscheiden.

So ist es auch mit dem Guten und dem Bösen bestellt: »le bon et le mauvais«, aber sicher nicht »le bien et le mal«, und da wären wir am eigentlichen Scheideweg der beiden Sprachen. »Le bien« klingt anders als »le bon«, welches haarscharf das deutsche Gute übersetzt, wo »le bien« etwas Entferntes, fast Ironisches betont, man kennt doch das berühmte Stück von Nathalie Sarraute mit den verschiedenen Betonungen von »bien« (»Pour un oui, pour un non«). Ein guter Mensch ist eher ein »homme bon« als ein »homme de bien«. Aber besonders einleuchtend wird es für »le mal«, welches auch etwas Distanziertes hat, es ist »un état de fait«, eine Tatsache, eine Realität, »une donnée objective«, ein objektiver Tatbestand, wo das Böse Intentionalität enthält, einen Willen, daher die Präsenz der Teufelsfigur in der deutschen Vergangenheit, man lese den Doktor Faustus. Vor langer Zeit schon hat Karl-Heinz Bohrer die Unfähigkeit der deutschen Literatur, sich mit dem Bösen auseinander zu setzen, hervorgehoben.

Nun ist aber die Frage, ob der sprachliche Aufbau wirklich etwas mit dem inneren Sosein eines Menschen zu tun hat, ob nicht gerade das sprachliche Verstehen als solches nicht schon sozusagen vorsprachlich darauf antwortet. Anders gesagt, es ist zu vermuten, dass Analysen in einer dem Analysanden nicht ganz vertrauten Sprache auch anders funktionieren können, einen anderen Sinn »durcharbeiten«, da die Sprachen doch allesamt, sonst wären sie keine Sprachen, übersetzbar sind. Die Übersetzbarkeit ist der Beweis der Sprachlichkeit überhaupt, wie ein jeder versucht, mit der ihm zur Verfügung stehenden Sprache auszukommen. Wir wären dabei sehr nahe am eigentlichen Inhalt der Psychoanalyse, die doch gerade das als Objekt hat, was sich nirgendwo fixieren oder sogar erspähen lässt.

Was die eine Sprache in der anderen nicht durchbringen kann, macht die Sache erst spannend: »unheimlich«, »sich durcharbeiten«, »die Spannung«, »ausholen«, »aufheben«, unzählige Termini, die zur Umgangssprache gehören und auch in allen möglichen analytischen Texten vorkommen, gibt es im Französischen nicht.

Nun aber braucht man nur Deutsch zu lernen, und man versteht sie, bekommt sie allmählich mit, sodass man eigentlich daraus folgern könnte, dass jede Sprache nichts anderes ist als die Klingel an der Türe der anderen. Mit anderen Worten, jeder Sprechende kann immer mehr als seine Sprache, sonst gäbe es keine Analyse, in der man doch mehr versteht, als sie auf den ersten Blick beinhaltet.

Die absolute Katastrophe wäre ein problemloses, ganz einfaches Übersetzen Freuds ins Französische. Das Französische ist ja eben nichts anderes als das Nicht-Funktionieren des Deutschen.

Das Französische symbolisiert, wo das Deutsche kenntlich macht und greifbar nahe bringt. So sind zum Beispiel »denken« und »Gedächtnis« ein und dasselbe Wort, wo »pensée« und »mémoire« etymologisch nichts miteinander zu tun haben, was natürlich das Denken ganz anders orientiert. Wer kann überhaupt, es sei denn, er hätte in der Schule Griechisch gehabt, ahnen, was wohl »le grand zygomatique« sein kann, wo ein deutscher Schüler vom »großen Herabzieher« hört; er sollte wissen, was »pancréas« bedeutet, wohingegen »Bauchspeicheldrüse« fast ein bisschen zu genau aussagt, wozu sie zu gebrauchen ist. Dass »le placenta« zum »Mutterkuchen« werden kann, flößt einem das Grauen ein, und man wundert sich dann nicht mehr so sehr, dass man in derselben Sprache auch die Vergasung erfand; denn es geht vielleicht nicht immer darum, alle Virtualitäten einer Sprache wahllos – aber ist es wirklich wahllos, ist es nicht eher schamlos, bedenkenlos? – zu gebrauchen.

Vielleicht ist im Fall des Deutschen eine gewisse Enthaltsamkeit, eine gewisse Vorsicht geboten, umso mehr, als sich im Deutschen doch alles sagen lässt, man mehr Vokabular zur Verfügung hat, als man braucht, also nicht nur das Land, sondern auch die Sprache eine Sprache der »unbegrenzten

Möglichkeiten« ist, wo das Französisch umgekehrt fast an Wortmangel leidet, wo es besonders mühsam und gefährlich ist, zum richtigen, adäquaten Ausdruck zu kommen; es ist eine Sprache, die einem nichts schenkt, wo das Wort aber gerade deshalb um so genauer und zielsicherer ankommt.

Die historische Entwicklung der beiden Sprachen war eine völlig andere. Sehr rasch, schon im 16. Jahrhundert, wurde das Französische die Sprache der politischen Macht, sodass es unvermeidlich wurde, dahinterkommen zu können und sehr rasch die Instrumente der Verleugnung und des Kampfes gegen die Macht und die staatliche Gewalt zu erfinden und in Gang zu setzen. Man erinnere sich nur des »Traktats zur willentlichen Unterwerfung« von Étienne de la Boétie (ca. 1560), übrigens schon 1593 ins Deutsche übersetzt. Die politische Wachsamkeit, die Kritik an der Macht hörte in Frankreich nie auf, begleitet von einer umso schärferen Lokalisierung und Charakterisierung des menschlichen Zynismus. Jacques Esprit, der nicht von ungefähr einen »Traktat über die Falschheit der menschlichen Tugenden« schrieb, und La Rochefoucauld sind viel weiter als jemand sonst in die finstersten Bereiche des menschlichen Verhaltens vorgedrungen.

Bereits im 17. Jahrhundert war das Vokabular derart verfeinert und derart ausgeprägt und entwirklicht, dass man damit nicht nur die leisesten Gefühlsregungen ausdrücken konnte, sondern sie ins soziale Gefüge einbringen konnte, so sehr, dass die Sprache an sich schon politisch wurde. Wer La Bruyère, Saint-Simon oder sogar Bossuet liest, wird von der Spärlichkeit, aber der Reichweite der Sprache überrascht werden: wenige Worte mit viel Inhalt, der dem Obrigkeitsdenken im Wege steht und dem Leser oder dem Hörer die Initiative lässt; das Französische arbeitet mit »sous-entendus«, die ja eben das Nicht-gesagt-Gebliebene dem Unbewussten oder besser dem Unterbewussten überlassen.

Es ist eigentlich sonderbar, dass das Vokabular der Sexualität im Deutschen besonders brutal und sachlich klingt: »ficken« und »bumsen« statt »baiser« oder »tirer un coup«, wobei das Deutsche allerdings auch das so pittoreske »Vögeln« oder »Moppeln« zur Verfügung hat. Dabei wären wir gar nicht so weit entfernt von Freud, denn es müsste doch die Frage gestellt werden, warum die Psychoanalyse gerade im deutschen Sprachraum entstanden ist, gerade da, wo es ja eben nur Schundliteratur und niemals erotische Literatur gegeben hat. Einziges Beispiel ist das in Deutschland vergessene, verkannte und von den Paukern immer vehement abgelehnte »Schwester Monika« von E. T. A. Hoffmann, eines der lustig-großartigsten Bücher der europäischen

Literatur. Ist da die preussisch-viktorianische Verdrängung mit im Spiel, die sich mittels Begriffen ausdrückt, wo die Frau das Weib oder das Frauenzimmer genannt wird und wo sie doch immer nur Versuchung, Unordnung und Unglück darstellt? Auch in dieser Beziehung geht Deutschland einen Sonderweg.

Hat nicht vielleicht die allgegenwärtige, von vererbter Stupidität versteifte intellektuelle wie politische so genannte Obrigkeit – auch wieder so eine deutsche Erscheinung – eine entscheidende Rolle gespielt in dieser Abrichtung der mitteleuropäischen Völker und ihnen keinen anderen Ausweg gelassen, als sich in den Weltkrieg zu stürzen? Anders lässt sich das Auftauchen Freuds gerade zu der Zeit nicht erklären. Natürlich, nicht dass es keine freien, selbstständigen oder subversiven Geister im deutschen Sprachraum gegeben hätte, nur haben sie sich nie durchsetzen können. Die Sprache, soweit man sie als solche hervorhebt, ist immer in den Händen der alten reaktionären und versteinerten Kreise der Höflinge und Akademiker und Theologen geblieben, sodass sich eine aufgeklärte Sprache, wie Heinrich Heine und Nietzsche sie sich wünschten, nie behaupten konnte. Daher auch die grundlegende Bedeutung der zugänglichen und verständlichen Sprache Freuds, durch welche eben die Aufdeckung des Unerhörten und Unheimlichen erst möglich ist, wie bei den großen Dichtern anderer Literaturen, siehe Thomas Mann.

In dieser Beziehung ist alleine schon der Name Sade, auch wenn ihn noch vor einigen Jahrzehnten fast keiner gelesen hatte, eine fundamentale Öffnung auf verbotene Territorien hin gewesen.

Auf der anderen Seite aber, der französischen oder westeuropäischen, dominiert das allgemeine Denkverbot als der fundamentale Verrat der Aufklärung, die willentlich mit der Immoralität technokratisch-kapitalistischer Ausbeutung und Versklavung verwechselt wird, vor allem von philosophischen Schurken, die sich den Naziverbrechen verschrieben haben; daher auch der ganz andere Denkmodus Freuds, der sich im Deutschen beinahe volkstümlich anhört. Freud sitzt schriftstellerisch in der Sprache; das Besondere an dem, was er sagt, steckt im Inhalt, im Sinn, in der Kühnheit des Denkens, nicht aber in einer besonderen, extra dafür erfundenen Sprache.

Vielleicht hat es Freud gegeben, weil es im Deutschen weder Sade noch Rousseau noch Choderlos de Laclos, also überhaupt keine öffentliche erotische Literatur gegeben hat. Die Psychoanalyse entstand gerade da, wo die sexuelle Unterdrückung sich am lautesten vernehmen ließ, da wo man wegen eines so naiven und unschuldig-ulkigen Theaterstücks wie »Frühlings Erwachen« (1901) gegen den Autor Wedekind Prozess führen konnte. So etwas würde übrigens unser buschiger Idiot auch gerne tun.

Dazu kam die Verbreitung der Poesie Rimbauds, die, wenn auch verschlüsselt, vom »mundo alla riversata« in aller Deutlichkeit sprach und auf allen Schulhöfen mehr oder weniger heimlich gelesen wurde, wogegen die deutschen Gymnasiasten in der Zeit vor dem ersten Weltkrieg den Wandervogel gründeten, vielleicht weil sie eher zur kollektiven Verwirklichung neigten als zum literarischen Auslauf; was jedoch weder Georg Heim noch Georg Trakl betrifft.

Das ganze Problem liegt wahrscheinlich in der Verdrehung des Urwüchsigen ins Nationale, wie es später die so genannte »Eigentlichkeit« leider zum Ausdruck brachte. Die Materialität, der sonderbare Realismus der deutschen Sprache, der mit der Wirklichkeit verwechselt werden kann, hat manchen Philosophen zum Mythos der Eigentlichkeit geführt. Tatsächlich nimmt die Sprache kein Blatt vor den Mund, wenn sie eine Schlacht »Schlacht« nennt und nicht mit »bataille« eine blutige Realität zu vertuschen sucht, sondern die Sache politisch deutlich werden lässt, was leider die Wirklichkeit nicht ändert. Oder wenn von »Kriegerdenkmal« und auf der anderen Seite von »monument aux morts« die Rede ist, weiß man genau, wo man sprachlich steht. Das Deutsche verkauft die Ware ohne Sack – »le misanthrope«, »der Menschenfeind« –, wo das Französische sie schön in Seidenpapier einpackt:

Jeder historische Sprachaufbau hat immer etwas anderes verdrängt und anderes hochkommen lassen.

Es ist, als ob das Französische das Wesentliche immer verdecke, damit es nicht entborgen werde, damit aber auch die Heiligkeit eines jeden, seine Unversehrtheit, seine »Unangegangenheit« nicht verloren ginge und die Staatsmacht sich auch ruhig entfalten könne. Im Deutschen spricht Freud seine Leser direkt an. Durch das »noli me tangere« der französischen Sprache wird immer eine Distanz bewahrt, die Dinge bleiben auf Distanz, sodass Freud ein wenig am Horizont der Sprache steht, wie der Komtur im Don Juan.

Trauma und Trieb

Jacques Press

Es fällt sicher auf, dass der Titel meines Vortrags eine Anspielung auf den wohlbekannten Artikel von Ilse Grubrich-Simitis »Trauma oder Trieb – Trieb und Trauma« (Grubrich-Simitis 1988) ist. Sie ist in der Tat eine der Autorinnen und Autoren, die die Spannung zwischen traumatischem und triebhaftem Aspekt, die das ganze freudsche Werk durchzieht, am besten aufgezeigt haben, ebenso wie die – innere wie äußere – Notwendigkeit, in der sich Freud befand, seine Entdeckung (den Trieb) zu verteidigen, wobei er die beiden genannten Pole zuweilen in einer Logik des Entweder/Oder einander gegenüberstellte: Trieb *oder* Trauma.

Grubrich-Simitis hebt – wie ihrerseits Laplanche und Pontalis in einem anderen richtungsweisenden Artikel (Laplanche, Pontalis 1966) – die Tatsache hervor, dass die Frage des äußeren, traumatischen Ursprungs in phylogenetische und Lamarcksche Theorien oder gar Fantasien zurückgedrängt wurde, die Freud bis zum Ende seines Lebens beschäftigten. In den Augen von Grubrich-Simitis stellen diese Schriften Versuche einer Durcharbeitung der Spannung zwischen Triebtheorie und Traumatheorie dar – mit solch starken Momenten wie »Totem und Tabu« (1912–1913), den phylogenetischen Fantasien in »Übersicht der Übertragungsneurosen« – dem Entwurf der zwölften metapsychologischen Abhandlung von 1915, der im Jahre 1983 in den Papieren von Ferenczi (Freud 1915 [1985]) wiedergefunden wurde – oder mit »Der Mann Moses und die monotheistische Religion« (1935–1939).

Diese theoretische Spannung zwischen Trauma und Trieb verweist im Übrigen auf ein anderes Spannungsfeld, dessen Ausdruck sie ist. Dieses zweite ist jenes Feld, in dem sich die Psyche herausbildet und in Bewegung setzt, es liegt zwischen Soma und Außenwelt. Wie man nun aber nicht oft genug unterstreichen kann, impliziert dieses zweite Feld die Notwendigkeit einer *Arbeit der Umwandlung* von Körpererregungen; diese Arbeit ist im Soma verankert, im Körper des Subjekts selbst, und vollzieht sich im Kontakt mit dem Objekt und durch dessen Vermittlung. Zu diesem Punkt haben Autoren mit so unterschiedlichen theoretischen Optionen wie W. Bion und M. Fain Beiträge von entscheidender Bedeutung geliefert. Sie zeigen, dass das Objekt, auch wenn es noch gar nicht als getrenntes wahrgenommen wird, immer schon da ist und nicht nur die Ausdrucksmodalitäten formt, sondern die Möglichkeit des Aufkommens von Triebhaftem überhaupt. Umgekehrt betrachtet trifft aber auch zu, dass es immer bereits Triebhaftes gibt, das in die Art und Weise einfließt, in der wir die Objekte wahrnehmen.

Schließlich überschneidet sich die Gegenüberstellung von Traumatheorie und Triebtheorie in gewissem Maße noch mit der Kontroverse zwischen den Anhängern der Theorie der Objektbeziehungen und der des Intrapsychischen. Manchmal betrachtet man nur das Intrapsychische und eliminiert den »Trauma«-Pol. Oder man kritisiert Freuds Biologismus, den man als veraltet erklärt, vom 19. Jahrhundert geprägt, und stellt den solipsistischen Charakter seiner Theorien in den Vordergrund, aufgrund dessen die Rolle des Objekts nicht genügend berücksichtigt werde.

Alle meine weiteren Darlegungen sollen zeigen, dass eine solche Gegenüberstellung steril ist. Wir müssen Trieb *und* Trauma als untrennbares Paar dialektisch miteinander verbundener Gegensätze denken; wir müssen in unserer Theorie wie in unserer Praxis in vollem Umfang die Spannung spüren, die die beiden Elemente sowohl verbindet als auch trennt. Ich hoffe im Übrigen, dass der Widerhall dieser Spannung auch in der Bewegung meines Exposes spürbar werden wird, in dem ich eine halb historische, halb theoretische Vorgehensweise einschlagen werde.

Ich möchte die von Grubrich-Simitis gestellte Frage aufnehmen – Trauma oder Trieb, Trauma und Trieb? –, aber ich werde versuchen, ihr nicht nur innerhalb des freudschen Werkes nachzugehen, sondern den Blick auch aus einem Abstand von fast fünfundsiebzig Jahren auf die Kontroverse zwischen Freud und Ferenczi richten, wobei dieser Blick selbstverständlich auch die Beiträge und Bereicherungen streift, die unsere Disziplin seither erfahren hat: Balint und Winnicott natürlich, aber auch Bion und die Arbeiten der Psychosomatiker der Pariser Schule Marty, Fain, de M'Uzan und David sowie die von André Green über das Negative. Aus dieser Perspektive die Elemente der Freud-Ferenczi-Kontroverse zu diskutieren, bedeutet nicht, nur oder hauptsächlich Historikerarbeit zu betreiben, sondern ins Zentrum unserer aktuellen Überlegung das Dilemma zu stellen, das meinem Vortrag den Titel geliefert hat.

Meine Darlegungen teile ich in drei Abschnitte. Als Erstes werde ich kurz einige Elemente des Freudschen Werdegangs in der Zeit vor 1920 nachzeichnen. Dann betrachte ich Ferenczis Beiträge, die Umwälzungen und Auswege, die er anbietet und die Alleen erschlossen haben, auf denen wir uns nach wie vor bewegen, die uns aber vom Trieb weg auf die Seite des Traumas befördern. Abschließend komme ich dann auf Freuds letzte Arbeiten zurück und versuche zu zeigen, wie sehr sich jenseits der historischen Kontroversen Ferenczis Beitrag und Freudsche Reflexion gegenseitig beleben und ihre Gegenüberstellung zu einer Bereicherung unserer Praxis wie unserer Technik führt.

1. Trieb oder Trauma: von der Entdeckung der Phantasie und der kindlichen Sexualität zu »Jenseits des Lustprinzips«

Man kann den Ursprung der freudianischen Methode datieren, dem Ereignis ein Datum zuordnen, das man die Erfindung der Psychoanalyse nennen könnte, die mit der Entdeckung der Fantasie Hand in Hand geht. Dieses Datum ist der 21. September 1897, als Freud an Fließ schrieb: »Ich glaube an mein Neurotica nicht mehr«. Mit anderen Worten: Er verzichtete auf seine Verführungstheorie. Diese bestand darin, dass »der Hysteriker unter Reminiszenzen« leidet, an Reminiszenzen, die auf eine reale Verführungshandlung seitens eines Erwachsenen zurückgehen.

Freud entdeckte an diesem Herbstäquinoktium des Jahres 1897, dass das Kind nicht das unschuldige Opfer eines perversen Elternteils ist; dass die Erzählungen traumatischer Verführung, die die hysterischen Patientinnen vortragen, Ausdruck von *Fantasien* sind; dass die psychische Realität nicht mit der materiellen Realität zusammenfällt. Schließlich zeichnet sich zur gleichen Zeit auch das ganz wesentliche Konzept einer zweizeitigen Entwicklung der menschlichen Sexualität ab: zwei Zeiten, getrennt durch eine Latenzperiode, wobei die zweite Zeit der ersten, in der das Ich noch unreif war, nachträglich eine traumatische sexuelle Bedeutung verleiht (Fain, Laplanche).

Freud kam zu diesen Feststellungen durch die Ergebnisse aus zwei Arbeitsrichtungen: im Bereich der äußeren Realität aus der Arbeit mit Patienten und Patientinnen; im Bereich der inneren Realität aus der Arbeit an sich selbst in Form seiner Selbstanalyse, der Briefe an Wilhelm Fließ und damit verbunden den Bemühungen, den Sinn der Träume verstehen zu wollen, besonders den seiner eigenen. Diese Arbeit führt schließlich zu dem Werk, das den Grundstock zur Psychoanalyse legte: »Die Traumdeutung« (Freud 1900).

Wie bereits gesagt, verschwindet die Traumatheorie damit aber keineswegs, sondern wird lediglich in die Konstitution verschoben, die für Freud im Lauf der Phylogenese erworben wurde. Demzufolge muss der traumatische Faktor nun in der Frühgeschichte der Menschheit gesucht werden. Der Mythos vom Vater der Urhorde in »Totem und Tabu« wie die Feststellung (in den metapsychologischen Schriften), die Triebe seien der phylogenetische Niederschlag von Wahrnehmungen, zeugen von dieser Sichtweise.

Kommen wir auf die Ontogenese zurück. Zwei Punkte sind hier aufzugreifen. Der eine Punkt ist der aus den »Vorlesungen zur Einführung in die Psychoanalyse« (Freud 1916–1917). Freud entwickelt hier das Konzept der Ergänzungsreihe, wonach es bei der Verursachung von Neurosen eine variable und für jedes Individuum spezifische Relation zwischen triebhaftem und traumatischem Element gibt. Der andere Punkt ist der Fall des Wolfsmanns (Freud 1914), wo die Spannung zwischen Trieb und Trauma auf einen Höhepunkt auch innerhalb der Theorie selbst gebracht wird und sie schließlich eine teilweise neue Form annimmt.

Denn einerseits wird hier erneut deutlich, dass das triebhafte Element aus der persönlichen Geschichte von S. Pankeieff – also aus der Ontogenese – für Freud in dem traumatischen Element aus der Frühzeit der Menschheit – also der Phylogenese – liegt. In der Argumentationsrichtung, die Grubrich-Simitis treffend beschrieben hat und die ich oben bereits aufgegriffen habe, macht Freud einen phylogenetischen Faktor für den Umstand verantwortlich, dass der Vater des Wolfsmanns trotz eines invertierten Ödipus-Komplexes die Rolle des kastrierenden Vaters einnimmt: »Es ist möglich, dass in diesen Reaktionen und Zusammenhängen Niederschläge aus der Kulturgeschichte der Menschheit vorliegen, die tiefer hinabreichen als alles ...« (GW XII, Fußnote S. 116).

An anderer Stelle – gegenüber Jung – möchte Freud dagegen unbedingt den Realitätscharakter der Urszene beweisen, die sein Patient im Alter von achtzehn Monaten beobachtet haben will; dies hält er aus konzeptuellen Gründen für unbedingt erforderlich, um das klinische Bild beim Erwachsenen erklären zu können. Die Realität, um die es sich hier handelt, wird also nicht mehr in die mythische Vergangenheit der Gattung zurückversetzt, sondern hat ganz im Gegenteil ihren festen Platz in der persönlichen Geschichte des Subjekts. Zweifellos ist dieser Akzent, der auf den Wahrheitsgehalt der individuellen Geschichte gelegt wurde, nicht ohne Zweideutigkeit und verweist zu einem Gutteil auf die damals aktuelle Kontroverse mit Jung. Ihn aber allein auf diesen Aspekt zu begrenzen, scheint mir reduktionistisch.

Die Frage, die sich hier in der Tat stellt und die Freud seinerzeit nicht klar fassen konnte, könnte folgendermaßen formuliert werden: Welcher Zusammenhang besteht zwischen psychischer Realität und äußerer Realität? Wir haben gesehen, dass Freud 1897 die Psychoanalyse erfand, indem er die Fantasie entdeckte, wobei er sich in gewisser Weise für die Fantasie (den Trieb) und gegen die Realität (das Trauma) entschied. Unter dem Druck des Konfliktes mit Jung und der theoretischen und technischen Probleme, die ihm sein Patient stellt, ist er im Jahre 1914 in zugespitzter Form erneut mit der Frage nach der Verbindung zwischen Fantasie und Realität konfrontiert, vor dem Hintergrund aller Errungenschaften der vergangenen Jahre, aber auch vor dem der Fragen, die noch offen geblieben sind. Unter diesem Gesichtspunkt wäre es nicht übertrieben zu schreiben, dass die Schrift »Aus der Geschichte einer infantilen Neurose« (Wolfsmann) von der Wiederkehr dessen zeugt, was in der Folge der großen Entdeckung von 1897 (jener der Fantasie) aus der Theorie verdrängt worden war.

Man muss bis zu den allerletzten Jahren freudscher Produktion warten, bevor Freud diese Problematik wirklich zu denken beginnen kann – unter Einführung der Konzepte der historischen Wahrheit und der Konstruktion, auf die ich im letzten Teil meines Exposes zurückkommen werde. Mehr als zwanzig Jahre sind hierfür allerdings erforderlich, zwanzig Jahre, in denen eine ganze Reihe theoretischer Umwälzungen erfolgt, deren bedeutsamster Markstein »Jenseits des Lustprinzips« (Freud 1920) ist.

Einerseits kehrt also das Trauma mit Macht zurück, was an der Bedeutung sichtbar wird, die der traumatischen Neurose eingeräumt wird, aber auch auf indirekteren Wegen. Es gilt nun die Tatsache, dass die erste Position des menschlichen Wesens die einer zunächst unaufhebbaren Passivierung ist, die Freud in »Hemmung, Symptom und Angst« (Freud 1926) als die »Hilflosigkeit« des Säuglings bezeichnet. Hieraus folgt die Notwendigkeit eines Reizschutzsystems, welches das Ich schützt, das noch zerbrechlich ist und jeden Augenblick in Gefahr steht, überfordert zu werden. Schließlich scheint zwischen den Zeilen auch eine Möglichkeit auf, die erst etwa zwanzig Jahre später in »Der Mann Moses und die monotheistische Religion« (Freud 1939) wieder aufgenommen wird: die von Traumata, die nicht primär sexuellen, sondern narzisstischen Ursprungs sind oder den Körper selbst affizieren.

Dazu kommt noch, dass nach der neuen Sichtweise der Wiederholungszwang nicht mehr nur auf die Wiederholung angenehmer Erfahrungen abzielt, sondern auch zum Ziel haben kann, durch Wiederholung eine Erfahrung in den Griff zu bekommen, die in keinster Weise eine Quelle von Lust gewesen sein konnte: Es gibt also einen Wiederholungszwang »jenseits des Lustprinzips«.

In gewisser Weise parallel zu dieser Ausbreitung des Traumas in der Theorie wird die Triebtheorie durch die Einführung des Todestriebs vollkommen umgestaltet. Belege für den Todestrieb sind für Freud zu dieser Zeit sowohl der Wiederholungszwang und die traumatische Neurose wie auch eine so banale alltägliche Aktivität wie das Kinderspiel. Mit anderen Worten: Dem »Mehr an Trauma« auf der äußeren Seite entspricht auf der inneren Seite ein »Andersartiges am Trieb«.

Nehmen wir ein Beispiel: Die Untersuchung der Träume bei der traumatischen Neurose führt zu einer Verunsicherung hinsichtlich der Traumtheorie. Man sieht, wie Freud sich fragt: Und wenn die Funktion des Traums nicht primär im Dienste des Lustprinzips stünde? Wenn seine Funktion etwa in der Bewältigung und Reduzierung der Erregung jenseits des Lustprinzips läge? Aber dieses Schwanken wird selbst recht bald in Begriffe gefasst, die auch die Triebtheorie nicht unberührt lassen: Und wenn der Traum im Dienst des Todestriebs stünde?

Das Gleiche lässt sich von anderen Situationen sagen (dem Wiederholungszwang der Neurotiker und dem Spiel des Kindes), die Freud nun dem traumatischen Traum zur Seite stellt. Sie alle zeugen für ihn in gleicher Weise von einer inneren triebhaften Tendenz und bringen auch das traumatische Gewicht zum Ausdruck, das das Ich von außen her ständig bedroht.

Wir stoßen hier also auf einen Punkt von kapitaler Bedeutung: *Ausweitung der Traumatheorie und Umgestaltung der Triebtheorie sind nicht voneinander zu trennen und müssen als Vorder- und Rückseite der gleichen Medaille zusammen gedacht werden.*

Den nicht psychisierbaren Resten, die den Zustrom äußerer Reize begleiten, entspricht ein innerer Rest, der in gewissem Maße auch immer der psychischen Umwandlungsarbeit und der Umwandlung in Psychisches entgeht. Die Bedeutung dieser Umwandlungsarbeit habe ich bereits unterstrichen; es ist dies eine Arbeit, die uns allen auferlegt ist und doch stets nur teilweise erfolgreich sein kann. Eine schwere Aufgabe für alle Menschen, aber auch eine Lektion, die wir als Freuds Nachkommen nie vergessen sollten!

Die Triebtheorie erfährt im weiteren Verlauf keine erheblichen Änderungen mehr, für die Traumatheorie sieht es dagegen ganz anders aus, denn sie bricht in den allerletzten Jahren freudscher Produktion die eben erwähnte Symmetrie auf und hebt die Spannung zwischen Trieb und Trauma auf oder treibt sie zumindest an ihre Grenzen. Ich sehe hierin gerne den Einfluss der in den Zwanzigerjahren beginnenden Kontroverse mit Sandor Ferenczi – mit den technischen und theoretischen Innovationen, die bis heute nachhallen und die uns jetzt für einen Moment auf die Seite des Traumas führen sollen.

2. Trauma oder Trieb: der Beitrag Ferenczis

Ich sagte soeben, dass für Freud ab 1920 die erste Position des Kleinkindes eine Position totaler Passivierung und *Hilflosigkeit* ist. Es ist nun aber interessant festzustellen, dass es Ferenczi ist, der in den Arbeiten seiner letzten Jahre die Konsequenzen aus dieser Sichtweise zum Äußersten treibt. Das Kind ist für Ferenczi in der Tat ein vollkommen passiviertes Kind, das ohne jeden Rückhalt, das heißt *ohne den Rückhalt eines hilfreichen Anderen,* der Triebhaftigkeit eines Erwachsenen ausgesetzt ist, der im besseren Fall seine Rolle als Reizschutz nicht einnimmt, im schlechtesten Fall eine Verwirrung nährt, in der der Sinn der Beziehung zum Objekt ins Gegenteil verkehrt wird: Erregung wird beruhigend, die Formen der Autoerotik werden pervertiert.

Diese Darstellung des Kindes als unschuldiges Opfer von Triebhaftigkeit, Lügen und Schweigen des Erwachsenen kann beim ersten Lesen nur an das verführte Kind der ersten freudschen Theorie von 1890 erinnern. Man versteht deshalb die Heftigkeit, mit der Freud reagierte, als Ferenczi im September 1932 auf dem Weg zum Wiesbadener Kongress in Wien Halt machte, um ihm seinen Artikel »Die Sprachverwirrung zwischen den Erwachsenen und dem Kind« (Ferenczi 1932) vorzulesen, und man versteht den Eindruck, den Freud haben musste, fünfunddreißig Jahre später mitten in seine Verführungstheorie zurückversetzt zu werden und sein Lebenswerk in dessen Grundlagen geleugnet zu sehen.

Es stimmt, dass Ferenczi in seiner Suchbewegung gegenüber seinen Patienten die Gefahr eingeht, den »Trieb«-Pol der Bipolarität, die uns hier heute beschäftigt, aus den Augen zu verlieren. Sagen wir es deutlich: Er erliegt dieser Gefahr. Aber das Paradox ist, dass er zweifellos gerade aus diesem Grund eine Beschreibung der Auswirkungen des Traumas *aus der Sicht des Kindes* liefert, die bis zum heutigen Tag nicht ihresgleichen kennt.

Hinter seiner Anstrengung steckt im Übrigen eine tragische Dimension, denn er war mit der sehr großen Einsamkeit aufgrund der Reaktivierung früher narzisstischer Traumata konfrontiert, die er gleichzeitig bei sich selbst zu analysieren, bei seinen Patienten zu behandeln und auf klinischer und metapsychologischer Ebene zu formulieren versuchte. Man kann den Fortgang dieser schmerzhaften Reflexion anhand seiner Korrespondenz verfolgen, anhand der Arbeiten seiner zehn letzten Jahre und anhand seines sehr anrührenden »Klinischen Tagebuchs«, das er von Januar bis Oktober 1932 verfasste.

Ich für meinen Teil zweifle nicht, dass er all dies mit seinem Leben bezahlt hat. Ich habe kürzlich einen Artikel über Ferenczi als Psychosomatiker geschrieben (Press 2005), der die Bedeutung der von ihm formulierten Neuerungen für die Psychosomatik aufzeigt. Zu schreiben bleibt aber noch eine Arbeit über Ferenczi als somatisierenden Patienten und über die Bedingungen, unter denen sich die perniziöse Anämie entwickelte, die ihn im Mai 1933 hinwegraffte.

Ich möchte Ferenczis Reflexion heute unter einem doppelten Aspekt betrachten. Es gibt zunächst den Beitrag, der in seinen Deskriptionen auf klinischer Ebene liegt, also auf der unserer täglichen Arbeit. Daneben steht die theoretische Reflexion, die sich aus seinen Arbeiten zwingend ergibt und jenseits der persönlichen Schwierigkeiten Ferenczis und seines eventuellen »furor sanandi« im Zentrum unseres heutigen Themas steht, und die schließlich dann die beiden Pole, die uns hier beschäftigen, in Spannung zueinander setzt: Trauma *oder* Trieb, Trauma *und* Trieb.

Ich sagte, Ferenczi habe für einen Skandal gesorgt, indem er in diesem Zusammenhang wieder auf die Bedeutung des Außenfaktors – also auch des Analytikers – Wert legt. Die Empfänglichkeit des Analysanden für die psychischen Charakteristika des Analytikers, die Bedeutung der Gegenübertragung und ihrer Analyse, die Gefahr einer Einstellung, die von dem geprägt ist, was Ferenczi die »Hypokrisie der Berufstätigkeit« (Ferenczi 1932/1964, S. 514) nennt und wodurch die infantile Situation reproduziert wird – das sind seines Erachtens bestimmende Faktoren der Arbeit in schwierigen Analysen. Es besteht die Gefahr, die Sprachverwirrung zwischen dem Erwachsenen (dem Analytiker) und dem Kind (dem Analysanden) zu reproduzieren, die der Patient in seiner Vergangenheit bereits erlebt hat.

Es sei daran erinnert, dass Ferenczi in seinem Haupttext drei Formen von Verwirrung beschreibt.

Es gibt natürlich den sexuellen Missbrauch im engeren Sinne. Aber zu diesem kommen zwei andere wesentliche Verzerrungen der Kommunikation hinzu, die er »leidenschaftliche Strafen« und »Terrorismus des Leidens« nennt. Die erstere (leidenschaftliche Strafen) führt zu einer vom Objekt induzierten sadomasochistischen Beziehung: Das Kind verinnerlicht dann den Sadomasochismus als einziges Mittel, eine Verbindung zum Objekt aufrechtzuerhalten. Ich füge hinzu, dass der Analytiker gegenüber solchen Patienten dazu tendieren kann, den Sadomasochismus als solchen zu deuten, während er lieber darauf achten sollte, was ihm zugrunde liegt, (die Aufrechterhaltung der Verbindung am Objekt). In dieser Hinsicht nimmt Ferenczi die Arbeiten von R. Stoller über die sexuelle Perversion als »erotische Form von Hass« vorweg.

Der Terrorismus des Leidens zeugt von einer narzisstischen Benutzung des Kindes durch einen Elternteil mit dem Ziel, eigene Defizite auszugleichen. Diese Denklinie führt einerseits zur Gesamtheit der winnicottschen Überlegungen hin, insbesondere zu dem, was Winnicott mit dem Begriff des falschen Selbst theoretisch gefasst hat. Zum anderen ist sie ein Vorläufer der Arbeiten von Michel Fain zum phallischen Narzissmus und zur verfrühten Ich-Entwicklung bei somatisierenden Patienten.

Welches sind nun die Wirkungen dieser Art traumatischer Situationen? Auch hier ist Ferenczis Beschreibung beispielhaft und kündigt einen Großteil der späteren Entwicklungen an – und dies in zwei wesentlichen Bereichen: dem der traumatischen Spaltung und dem der Identifizierung mit dem Angreifer.

Die traumatische Ich-Spaltung

Für Ferenczi hat das Trauma immer eine Form von Ich-Spaltung zur Folge. Aber es handelt sich um eine besondere Art von Spaltung: Sie entsteht zwischen einem allmächtigen Teil, dem berühmten »gelehrten Säugling«, der sich durch eine traumatische Zunahme der Ich-Funktionen auszeichnet, und einem traumatisierten Teil. Die Wiederholung der Traumata führt außerdem – so Ferenczis Formulierung – zu einer »Atomisierung« des Ichs, die mit einem Zustand von Verwirrung Hand in Hand geht, der auch das einzige Mittel ist, den Kontakt zwischen den zahlreichen aufgespaltenen Fragmenten aufrechtzuerhalten, (man könnte von hier eine Verbindung zum »Ich in Archipel-Form« herstellen, das von Michel de M'Uzan beschrieben wurde). Daraus ergibt sich eine Folgerung von großem klinischen Wert: Die anfangs erlittene Verwirrung übernimmt im weiteren Verlauf eine Abwehrfunktion. Mit anderen Worten: Es ist besser, konfus zu bleiben, als den traumatischen Zustand zu erleben.

Bemerkenswert an Ferenczis Beschreibung sind die organischen Verbindungen, die der Autor zwischen den verschiedenen beschriebenen Aspekten herstellt: die Verbindung zwischen Trauma und Spaltung des Ichs in mehrere Fragmente; die Verbindung zwischen diesem besonderen Modus der Spaltung und dem traumatischen Zuwachs an Ich-Funktionen; die Verbindung zwischen dem Paar Trauma/Spaltung einerseits und anderseits der Dissoziation in eine »traumatisierte« und eine überangepasste Seite; und schließlich die Verbindung zwischen eben diesem Begriffspaar und dem Abwehrcharakter der Konfusion, die es nach sich zieht.

Die Identifizierung mit dem Angreifer

Kommen wir nun zur zweiten Folge des Traumas, der Identifizierung mit dem Angreifer. Sie ist durch die Umwandlung der objektalen in eine narzisstische Beziehung charakterisiert (Ferenczi 1934, S. 147). Sie ergibt sich aus der Tatsache, dass die unreife Persönlichkeit in autoplastischer Weise reagiert, (indem sie sich selbst verändert), und nicht in alloplastischer Form, (indem sie die Außenwelt verändert) (Ferenczi 1932, S. 131): Sie verbiegt sich also lieber selbst, als die Verbindung zum Angreifer-Objekt zu verlieren. Eine Patientin formulierte es, nachdem sie einen Vergewaltigungsversuch erlebt hatte, folgendermaßen: »In dem Augenblick dachte ich nur eines: Ich wollte vor allem, dass er mir nicht böse wird.«

Die Situation wird durch das Schweigen des Erwachsenen und die Realitätsverleugnung um den Missbrauch herum noch verschlimmert. Auch hier leistet Ferenczi Vorarbeit und nimmt spätere Arbeiten zu den entfremdenden Auswirkungen des Gesetzes des Schweigens vorweg. Der Pakt der Verleugnung (»pacte dénégatoire«, R. Kaës et al.), die Identifizierungsgemeinschaft in der Verleugnung (»communauté d'identification dans le déni«, M. Fain), die das handelnde Ich entfremdenden Befehle (»injonctions aliénantes faites au Je«, P. Aulagnier) – all diese Beschreibungen benennen eine Konstellation, in der das Kind am Denken gehindert wird, in der die kindliche Sexualneugier, die eine normale Angelegenheit ist, blockiert oder verworfen wird. Genau in dieser Gefährdung der Denkprozesse – in ihrer Blockierung – liegt ihre pathogene Wirkung.

In diesen Fällen tritt schließlich ein bemerkenswertes Phänomen ein: Die Identifizierung mit dem Angreifer bekommt eine ganz spezielle, höchst pathogene Funktion. Sie nimmt die Form einer Identifizierung mit seinem Schuldgefühl an, das die traumatische Wunde tatsächlich vernäht und eine Art geliehenes Über-Ich aufrichtet. Dies wird der Zement, der die Integrität des Ichs mehr schlecht als recht sicherstellt, daher auch die heftigen und ansonsten unverständlichen Widerstände, wenn man in der Analyse hieran rührt: *Die Strenge dieses »Über-Ichs« abmildern zu wollen, wird vom Patienten als gleichbedeutend damit erlebt, als wolle man das Ich zum Einsturz bringen, also in gewisser Weise das Trauma wiederholen.*

Die technischen Konsequenzen dieses Sachverhalts sind beträchtlich. Man muss immer auf die Stimme achten, die spricht: Ist es das Implantat – der Aggressor – oder die Person selbst? Wenn es das Implantat ist, wird es notwendig, dass der Analytiker dies zu diesem oder jenem Zeitpunkt erkennt, (was Jahre dauern kann), dass er seine Erkenntnis dem Analysanden mitteilen kann, und schließlich, dass dieser sie hören kann. Nur wenn es dazu kommt, wenn also der Analysand den anderen erkennen kann, der aus ihm mit seiner – des Analysanden – Stimme spricht, kann eine mutative Änderung einsetzen.

Die Folgerungen für die Theorie der Technik sind nicht gering: Das Implantat fungiert als ein Kern von Aktualität, um dem herum sich die Person konstruiert hat, wobei dieser Kern traumatisch, zugleich aber auch unentbehrlich ist. Diesen Kern auf dem Weg über gemeinsame analytische Konstruktion zu dekonstruieren wäre in diesen Fällen die Hauptaufgabe der

Analyse, bedeutet zugleich aber auch höchste Gefahr, da dieser Vorgang unausweichlich durch Momente von Fragmentierung des Ichs führt.

Man sieht also den großen Reichtum von Ferenczis Beitrag. Man kann einen Großteil seiner Überlegungen als Weiterentwicklung und Erweiterung bestimmter Aspekte aus »Jenseits des Lustprinzips« betrachten. Es liegt aber auf der Hand, dass sich in der Optik, die ich hier und heute einnehme, die Frage stellt: Was wird bei all dem aus dem Trieb? Man muss eingestehen: Er verschwindet in der Versenkung. Das Kind ist für Ferenczi ein Kind, das nur die »Sprache der Zärtlichkeit« spricht – gegenüber einem Erwachsenen, der sich nur in der »Sprache der Leidenschaft« ausdrückt. Gehen wir einen Schritt weiter. Um die Stimme des Kindes in der »Sprachverwirrung« hören zu können, war Ferenczi zweifellos gezwungen, sich die Ohren zuzustopfen, um das freudianische, in vollem Umfang triebhafte Kind nicht zu hören, das in derartigen Situationen sicher zu Boden gedrückt wird, dessen Existenz man aber dennoch nicht vergessen sollte.

Es gäbe hier also ein eindrucksvolles Paradox: Der Beitrag Ferenczis wäre demnach nur möglich gewesen, weil Ferenczi zu diesem Zeitpunkt seines Werdegangs den Trieb vergessen konnte. Dies soll selbstverständlich nicht heißen, dass wir auf diesem Weg weitergehen müssten, aber es zeigt uns den Weg und zugleich das, was tagaus, tagein unsere Schwierigkeit ist: die Fäden zwischen den beiden Polen, die zerrissen sind, wieder zu verknoten und die Dialektik zwischen ihnen, die blockiert ist, wieder in Gang zu setzen.

Ein weiterer Punkt verdient Erwähnung. Was Ferenczi nicht gesehen hat, was er nicht sehen *konnte*, so persönlich in seine Forschung impliziert und engagiert, wie er war: Die Dinge, deren Opfer er zweifellos auch selbst gewesen war, von der Seite des Kindes her zu erfassen, ist eine typische Auswirkung der traumatischen Situationen, die er so meisterhaft beschrieben hat. Diese Wirkung ist die Konfusion zwischen Trauma und Trieb.

Erinnern wir uns an die Deskription der traumatischen Spaltung, die ich gerade geliefert habe. Ferenczi beschreibt ein Ich, das in den »gelehrten Säugling« und den Teil, den er traumatisiert nennt, aufgeteilt ist. Dies ist aber eine Ausdrucksweise, die zum Teil ungenau ist. Denn wenn der »gelehrte Säugling« in der Tat vollständig in Beherrschung und Intellektualität aufgeht, in der traumatischen Progression also, so ist der traumatisierte Teil – ebenfalls in vollem Umfang – der Verwahrer des Triebhaften.

Der Trieb wird damit zum puren Trauma, es bleibt nur sein ökonomischer Aspekt. Aber das Gegenteil ist nicht weniger wahr: Das Trauma wird triebhaft aufgeladen, es wird in gewisser Hinsicht das Maß des Triebhaften, womit es zu einem der Faktoren werden kann, die zu einer süchtigen Fixierung auf das Trauma führen. Ein Teufelskreis baut sich auf: Das Trauma verursacht Spaltung und Konfusion, letztere wird durch die Spaltung weiter verschlimmert und wird von der Person außerdem zu Abwehrzwecken mit dem Ziel genutzt, den Kontakt zwischen den Ich-Fragmenten aufrechtzuerhalten. Genau diese Konfusion zwischen Trauma und Trieb ist es, die die Analyse solcher Patienten so schwierig macht, und sie ist es auch, die dem Analytiker so sehr das Gefühl gibt, immer an die falsche Tür zu klopfen, dauernd alles verkehrt zu verstehen: Traumatisches, während es doch um Triebhaftes geht, oder umgekehrt Triebhaftes zur Unzeit zu deuten, also an Stellen, an denen die Person gerade von Traumatischem spricht.

3. Rückkehr zu Freud, 1920–1939: Trieb und Trauma, Trauma und Trieb

Kommen wir jetzt auf die Entwicklungen der Traumatheorie in Freuds Werk nach 1920 zurück. In einer anderen Arbeit (Press 2006) habe ich den posthumen Einfluss Ferenczis auf die letzten freudschen Formulierungen zum Trauma unterstrichen. Aus Zeitmangel werde ich mich darauf beschränken, zwei Aspekte herauszugreifen.

Der erste Aspekt, den ich mit Bezug auf »Jenseits des Lustprinzips« erwähnt habe, muss »Der Mann Moses und die monotheistische Religion« und »Konstruktionen in der Analyse« abwarten, bevor er klar formuliert werden kann: Es ist der Umstand, dass die Traumata das frühe Ich wie den Körper selbst auf narzisstischer Ebene und zu einer Zeit treffen, zu der – schreibt Freud – das Kind nicht über Sprache verfügt. Bei dieser Art von Traumatisierung, scheint Freud zu sagen und damit implizit Ferenczi Recht zu geben, ist zuerst und primär etwas auf der Ebene des Narzissmus betroffen, diesseits jeglicher Sexualisierung.

Der zweite Punkt betrifft ein anderes, in »Der Mann Moses und die monotheistische Religion« nur kurz vorgebrachtes, wichtiges Konzept, dessen Bedeutung aber viele spätere Autoren inspirieren wird, von den Botellas bis zu Green: das der Negativ-Niederschläge des Traumas. In der Version, die Freud hierzu im Paragraphen mit dem Titel »Die Analogie« im dritten Teil dieser Schrift gibt, geht es hauptsächlich um Vermeidungen und Phobien. Aber die theoretischen Implikationen dieser Art von Situationen gehen weit darüber hinaus. In der Tat laufen sie auf die Aussage hinaus, dass eine der Auswirkungen der Traumatisierungen ein Versuch radikaler Negativierung dieser Erfahrung sein könnte, der zu ihrer Löschung führt, sodass als Spur in der Psyche nur eine Leerstelle zurückbleibt. Auch hier ist der Einfluss der Formulierungen Ferenczis sichtbar. Schreibt Ferenczi denn nicht unter Hinweis auf die halluzinatorische Negativierung, die die traumatischen Zustände begleitet, in seinem posthum veröffentlichten Artikel »Gedanken über das Trauma« (Ferenczi 1934): »Ein Eindruck, der nicht wahrgenommen wird, kann unmöglich abgewehrt werden.«?

Aber ich glaube, wir müssen über diese Beschreibungen hinausgehen. Auf die Löschungsaktivität zu deuten, die von der Person selbst ausgeht, läuft darauf hinaus, diesen Vorgang ausschließlich aus der Beobachter-Perspektive zu betrachten. Indem man dies tut, vergisst man eine Sache, und zwar den Umstand, dass das Trauma – sowohl auf der Ebene des Triebs wie auf der Ebene der Selbsterhaltung – im Nichtzustandekommen einer Befriedigungserfahrung bestehen kann zu einem Zeitpunkt, zu dem diese Erfahrung vom Objekt her hätte kommen müssen. Die Negativierung, die wir bei diesen Personen dann am Werk sehen, muss man als sekundäre Folge des ersten Negativums denken, das in der nicht erfolgten Befriedigung besteht.

Ich habe bei einigen Patienten wiederholt den Eindruck gehabt, dass ihnen in gewisser Weise die Möglichkeit fehlte, eine positive Erfahrung als solche zu erkennen, und zwar deshalb, weil sie für sie nicht zustande gekommen war und folglich keinerlei Realitäts- oder – genauer gesagt – Wahrheitscharakter hatte. Mit anderen Worten, und so paradox dies auch klingen mag: Man negativiert vor allem das, was man nicht gehabt hat. Für solche Personen ist diese Negativität wahr, nicht die guten Absichten des Analytikers, der einen anderen Ausgang anbietet.

Nun muss man aber hervorheben, dass diese Negativität sich genau mit der Verleugnung trifft, die die Bedürfnisse des Kindes vonseiten seiner frühen Umgebung erfahren haben. Hier treffen wir ein weiteres Mal insofern auf die Überlegungen Ferenczis, als die Bewegung der Negativierung im Grunde eine Identifizierung mit dem Angreifer ist, der die Bedürfnisse des Kindes verleugnet. In der Folge wird dann die ununterbrochene aktive Aufrechterhaltung dieser triebhaft stark aufgeladenen Negativität zum Garanten der Ich-Grenzen wie des Integritätsgefühls, schützt also das Ich vor Fragmentierung. Man kommt so zu der paradoxen Situation, in der das, was gefehlt hat, das Zentrum der Triebkonstruktion der Person bildet. »Alles, was ich habe, ist das, was ich nicht habe«, formulierte dies so treffend eine Patientin Winnicotts. Man kann hierin sicher auch eine Konstellation sehen, die der von A. Green beschriebenen primären Analität sehr nahe kommt (Green 1995).

Der Punkt, den ich unterstreichen möchte, ist folgender: Man konstruiert sich um diesen Kern traumatischer Aktualität. Winnicott hat in seinem Artikel »Die Angst, verrückt zu werden« einen dem sehr nahe kommenden Gedanken vertreten. Nennen wir ihn X, sagt Winnicott im Wesentlichen, diesen nicht denkbaren Zustand, den der Einbruch von außen verursacht hat, der aus dem Versagen der Umwelt in der Geschichte der Person resultierte. Was nun aber, fügt er hinzu, »am Individuum unbedingt persönlich ist«, ist dieses X (Winnicott 1989 [2000], S. 229). Mit anderen Worten: Gerade das, was wir nicht psychisieren konnten, macht das Zentrum unserer Individualität aus. Dies hat insofern beträchtliche technische Implikationen, als die analytische Situation in diesen Fällen den frühen Mangel nur reproduzieren kann.

Diese letzte Bemerkung lässt mich zum Ende kommen, indem ich an den Faden anknüpfe, den ich bei meiner Diskussion des Wolfsmann-Falles fallen gelassen hatte. Dieser Faden betrifft das Problem der Verbindung zwischen innerer und äußerer Realität. Wie ich oben sagte, musste man die letzten Arbeiten Freuds abwarten, insbesondere »Der Mann Moses und die monotheistische Religion« (Freud 1939) und »Konstruktionen in der Analyse« (Freud 1937), um die Umrisse einer Durcharbeitung dieser Problematik sich abzeichnen zu sehen.

Zwei grundlegende Konzepte tauchen hier auf, zwei Konzepte, die durch die schmerzvollen Ereignisse in Freuds Alter nur mit großer Mühe zu Tage kommen und mit der so schmerzhaften Geburt der aufeinander folgenden Versionen von »Der Mann Moses und die monotheistische Religion« Gestalt annehmen. Diese beiden Begriffe sind die Konstruktion und die historischen Wahrheit (Freud 1937, 1939), die in ihrer gegenseitigen dialektischen Verbindung zu verstehen sind.

Historische Wahrheit: Der Wahn enthält, wie die Religion – die ein kollektiver Wahn ist –, ein Stück historischer Wahrheit, schreibt Freud auf den letzten Seiten von »Der Mann Moses und die monotheistische Religion« wie auch am Ende der »Konstruktionen in der Analyse«: Gott existiert nicht, aber es hat früher in der Geschichte der Gattung wie in der eines jeden von uns einen großen Mann gegeben, den Vater der Frühzeit. Mit anderen Worten: Die historische Wahrheit ist nicht die materielle Wahrheit der Vergangenheit, aber sie ist auch nicht deckungsgleich mit der psychischen Realität. Sie bezeichnet den Kern materieller Wahrheit, der in der psychischen Konstruktion enthalten ist, die von dieser Grundlage ausgehend erfolgt (man muss im Übrigen hervorheben, dass der Ausdruck »psychische Realität« in den Schriften aus den Jahren 1935–1939 nicht auftaucht).

Wenn unsere Analysanden uns also sagen, dass wir sie nicht hören, dass wir nicht verstehen, was sie uns zu sagen haben, reicht es nicht aus, sie auf sich selbst zurückzuverweisen, auf ihre Triebhaftigkeit, und uns selbst als so weiß wie Schnee darzustellen. Oft würde eine solche Haltung in der Tat nur die erste traumatische Situation reproduzieren: die Verleugnung des kindlichen Erlebens seitens seiner Umgebung. Es kommt viel eher darauf an, das in ihren Behauptungen enthaltene »Stück historischer Wahrheit« zu hören und es dann »von seinen Entstellungen und Anlehnungen an die reale Gegenwart zu befreien«, um Freuds Begriffe aus den »Konstruktionen in der Analyse« aufzugreifen (GW XVI, S. 55).

Verstehen wir uns richtig: Was sich tatsächlich abgespielt hat – das was Freud die materielle Wahrheit nennt –, werden wir nie kennen. Die historische Wahrheit, die mich unweigerlich an das gerade erwähnte X von Winnicott erinnert, bildet dagegen den Kern unserer Identität. Ein für immer unzugänglicher Kern, aber dennoch der Kern, über den das, was sich auf der Szene der Analyse abspielt, eine Version konstruiert, die mit Sicherheit nur einen Teil erfasst, zweifelsohne parteiisch ist, aber trotzdem durch nichts ersetzt werden kann und je nach analytischem Paar einen spezifisch gefärbten Einzelfall konstelliert. Mit anderen Worten: Die historische Wahrheit, wie sie sich in den Kuren darstellt, ist nicht etwas Vorgegebenes, sondern im besten Sinn des Wortes aus dem Artikel von 1937 eine Konstruktion, die aus der gemeinsamen Arbeit hervorgeht.

Ich hoffe, gezeigt zu haben, wie wichtig es für die psychoanalytische Theorie wie für die Praxis ist, Trauma und Trieb als untrennbares Paar zu denken, auch wenn es den Analytiker unablässig zur einen oder anderen Seite dieser Polarität hinzieht. Analytiker erleben diese Spannung täglich, mit Leib und Seele sozusagen. Denn einerseits können sie sich wirklich nur dann, wenn sie das Triebhafte nie aus den Augen verlieren, im Kontakt mit ihren Analysanden so weit wie möglich auf die Seite der Umgebungsmängel hinüberwagen und erforderlichenfalls Praxis und Setting den Notwendigkeiten des Augenblicks anpassen. Dies ist nur unter der ausdrücklichen Bedingung denkbar und möglich, in jedem Moment auch die Kehrseite der Medaille (den Trieb) im Geist präsent zu behalten, unter der Bedingung nämlich, dass sie das Trieb-Paradigma und seine Implikationen zutiefst verinnerlicht und insofern ein Modell der analytischen Kur internalisiert haben, das sich auf die Spannung gründet, die dieses Paradigma impliziert.

Aber anderseits trifft auch zu, dass von nichts nichts kommt und es manchmal notwendig ist, das Risiko einzugehen, sich zu verlieren und die eigenen Bezugspunkte zu verlieren. Jede Analyse (und einige zweifellos mehr als andere) wird dann ein Abenteuer, das die beiden Partner, Analytiker wie Analysand, voll in Anspruch nimmt. Manchmal, scheint mir, hat man kaum eine andere Wahl. Entweder man macht es – oder man lässt es. Hat man die Entscheidung getroffen, es zu machen, wird man sich eines ganz eigentümlichen Phänomens bewusst: Einmal unterwegs, ändert sich unser Blick unablässig, und wir sind gezwungen, unsere Gewissheiten an der Garderobe abzugeben.

Wie Winnicott in seinem grundlegenden Artikel »Klinische und metapsychologische Aspekte der Regression in der analytischen Situation« (Winnicott 1955) schreibt, ist es dann die Aufgabe des Analytikers, durch Erschütterungen seiner Identitätsbezugspunkte (de M'Uzan) hindurch in entscheidenden Abschnitten eine persönliche Entwicklung auf sich zu nehmen, die er sich lieber erspart hätte. Zu diesem Preis, und nur zu diesem Preis können sich Analytiker und Analysand schließlich in einer Begegnung treffen, die nicht nur ein Wiederfinden ist, sondern eine neue Konstruktion, die sowohl einzigartig wie auch zutiefst in der jeweiligen Geschichte verankert ist.

(Aus dem Französischen übersetzt von Eike Wolff, Brüssel)

Literatur

O.C.P. = Œuvres Complètes, Psychanalyse. Paris (Verlag PUF).
Ferenczi, Sandor (1932, frz. 1982): Sprachverwirrung zwischen den Erwachsenen und dem Kind (Die Sprache der Zärtlichkeit und der Leidenschaft). In: Bausteine zur Psychoanalyse. Band III, S. 511–525. Bern (Huber 1964) und Frankfurt (Ullstein 1984).
Ferenci, Sandor (1934, frz. 1982): Gedanken über das Trauma. In: Int. Z. f. Psychoanalyse 1934, XX: 5–12.
Freud, Sigmund (1900): Die Traumdeutung. GW II–III, O.C.P. IV.
Freud, Sigmund (1912–1913): Totem und Tabu. GW IX, O.C.P. XI.

Freud, Sigmund (1914): Aus der Geschichte einer infantilen Neurose. GW XII, O.C.P. XIII.
Freud, Sigmund (1915 [1985]): A phylogenetic fantasy. I. Grubrich-Simitis Ed. Cambridge: Harvard Univ. Press 1987 [dt.: Übersicht der Übertragungsneurosen, in: GW Nachtragsband, S. 634–651].
Freud, Sigmund (1916-1917): Vorlesungen zur Einführung in die Psychoanalyse. GW XI, O.C.P. XIV.
Freud, Sigmund (1920): Jenseits des Lustprinzips. GW XIII, O.C.P. XV.
Freud, Sigmund (1926): Hemmung, Symptom und Angst. GW XIV, O.C.P. XVII.
Freud, Sigmund (1937): Konstruktionen in der Analyse. GW XVI. Frz. In: Résultats, Idées, Problèmes II, Paris (PUF) 1985.
Freud, Sigmund (1939): Der Mann Moses und die monotheistische Religion. GW XVI. Französ.: C. Heim, Paris (Gallimard 1986).
Freud, Sigmund (1940): Abriß der Psychoanalyse. GW XVII. Frz.: A. Berman. Paris (PUF 1949).
Green, André (1993): Le Travail du Négatif. Paris (Gallimard).
Green, André (1995): L'analité primaire. Monographies de la Revue Franç. de Psychanalyse. Paris (PUF).
Grubrich-Simitis, Ilse. (1987, engl. 1988): Trauma oder Trieb – Trieb und Trauma: Lektionen aus Sigmund Freuds phylogenetischer Phantasie von 1915. In: Psyche – Z psychoanal, Bd. 41, 292–1023.
Laplanche, Jean; Pontalis, Jean-Bertrand (1966): Fantasme originaire, fantasme des origines, origine des fantasmes. Paris (PUF). [dt.: Urphantasie. Frankfurt (Fischer 1992)].
Press, Jacques (2005): Acquisition du sens de la réalité, folie et somatisation. Un regard psychosomatique sur l'œuvre de Sandor Ferenczi. Revue Française de Psychosomatique 27, 49–66.
Press, Jacques (2006): The construction of the truth. From Confusion of the tongue to Constructions in analysis. Int J Psa (im Druck).
Viderman, S. (1970): La Construction de l'Espace Analytique. Paris (Denoël).
Winnicott, Donald W. (1955): Les aspects métapsychologiques et cliniques de la régression au sein de la situation analytique. In De la Pédiatrie à la Psychanalyse. Paris (Payot).
Winnicott, Donald W. (1965, 2000): La crainte de la folie. In: La crainte de l'effondrement et autres situations cliniques. Paris (Gallimard).
Winnicott, Donald W. (1971a, 2000): La crainte de l'effondrement. In: La crainte de l'effondrement et autres situations cliniques, Paris (Gallimard).
Winnicott, Donald W. (1971b, frz. 1975): Vom Spiel zur Kreativität. Stuttgart (Klett-Cotta 1973).

Außen gefesselt, innen zerfressen. Verarbeitungsformen traumatischer Erfahrungen

May Widmer-Perrenoud

In seinem Beitrag »Trauma und Trieb« liefert Jacques Press eine umfassende Untersuchung über das Verhältnis zwischen Trauma und Trieb. Der Autor geht der theoretischen Spannung zwischen Trauma und Trieb innerhalb des freudschen Werkes nach, er beleuchtet dann die Theorie von Ferenczi und die Kontroversen zwischen Freud und Ferenczi. Press zeigt schließlich, wie die Früchte dieser Auseinandersetzung sich in Freuds letzter Entwicklung des Traumabegriffs in »Der Mann Moses und die monotheistische Religion« (1939) niederschlagen.

Insgesamt stimme ich mit den bereichernden Überlegungen von Press über das Verhältnis von Trauma und Trieb als »untrennbares Paar dialektisch miteinander verbundener Gegensätze« überein. Ich möchte die Verschränkung von Trauma und Trieb an einem klinischen Beispiel illustrieren.

Freuds letzte Ausführungen zum Trauma, die er in »Der Mann Moses und die monotheistische Religion« (1939) im Kapitel »Analogien« darlegt, bilden die theoretische Grundlage für das Verständnis meines klinischen Beispiels.

Aus dem Text greife ich zwei Punkte auf. Der erste Punkt: In Bezug auf die Natur der Traumata, die die Neurose verursachen, hatte Freud bisher früh erlebte sexuelle und aggressive Eindrücke hervorgehoben. In der betreffenden Passage fügt er Traumata hinzu, »die durch frühzeitige Schädigungen des Ichs«, durch »narzisstische Kränkungen« (1939, S. 523) ausgelöst werden.

Der zweite Punkt, den ich festhalten möchte, ist, dass Freud sich mit den Wirkungen der Traumata, mit den Abwehrreaktionen, mit den Verarbeitungsmodi und auch mit den Bearbeitungsmöglichkeiten der Traumata in den Analysen beschäftigt. Er unterscheidet zwischen zwei Wirkungsweisen von Traumata: positiven und negativen (S. 524). Im ersten Fall kann das

Trauma in der Übertragung wiederholt, erinnert und durchgearbeitet werden. Die negativen Wirkungen des Traumas bestehen hingegen aus Abwehrreaktionen, die sich der Bearbeitung durch Wiederholen und Erinnern entgegenstellen. Als Hauptausdruck der Abwehrreaktionen nennt Freud »die Vermeidungen, die sich zu Hemmungen und Phobien steigern können« (S. 524). Die Traumata verursachen jedoch nicht nur neurotische Symptome und Ich-Einschränkungen, sondern auch Charakterveränderungen. All diese psychischen Bildungen zeigen, so Freud, »eine weitgehende Unabhängigkeit von der Organisation der anderen seelischen Vorgänge« (S. 525). Sie sind wie eine Enklave, »ein Staat im Staat, eine unzugängliche, zur Zusammenarbeit unbrauchbare Partei« (S. 525). Unter dem Einfluss des Traumas negativer Art werden also Anteile des Ichs »abgespalten«.

Freud beschreibt hier eine Skala von Abwehrreaktionen, die von einem neurotischen bis hin zu einem narzisstischen Organisationsniveau reichen. Zusammenfassend: In »Der Mann Moses und die monotheistische Religion« erweitert Freud den Traumabegriff um die Verletzungen des Narzissmus während der primären Bildungsprozesse der psychischen Struktur, und korrelativ dazu erweitert er die Skala der um die psychische Wunde errichteten Abwehrreaktionen und Gegenbesetzungen um den Vorgang der Ich-(Selbst-)Spaltung.

Nach Freud und Ferenczi haben einige Analytiker die frühen Traumatisierungen weiter erforscht. Winnicott beschrieb, wie das Baby bzw. das kleine Kind agonieartige Zustände erlebt, wenn die Mutter ihre »holding function« nicht ausreichend ausüben kann. Das Ich erleidet Verzerrungen (Deformationen) in Form von Spaltungen zwischen einem falschen und einem wahren Selbst. Bion hat die »containing function« des Primärobjekts, die das Baby vor dem Erleben der Katastrophe schützen muss, konzeptualisiert. In der Zwischenzeit haben Fonagy, Moser und von Zeppelin die Prozesse der Affektregulierung und der Mentalisierung in der Entwicklung des Selbst untersucht. All diese Forschungen bringen Ergebnisse, die das Verhältnis Trieb/Objekt/Abwehr unter vielen Perspektiven beleuchten. Ich denke an folgende Konstellation: Besonders zur Zeit des Aufbaus des Selbst wirken Affekte, die vom Objekt nicht aufgenommen, auf welche nicht reagiert, die nicht »contained« werden, traumatisch. Drastische Abwehrstrategien wie Verleugnung und Spaltung, Gegenbesetzungen werden in Gang gesetzt, um die Angst in Schach zu halten bzw. um die verinnerlichte, nicht ausreichende »containing function« zu kompensieren. Im Bereich des Selbst erlebt das Baby bzw. das junge Kind die defizitäre Affektunterstützung als eine narzisstische Kränkung. Zu der Angst, die der Triebdruck auslöst, kommt der psychische Schmerz eines unreifen Ichs hinzu, das kein Hilfsobjekt findet, das es bei seiner Verarbeitung der Triebregungen unterstützt. Es reagiert mit Rückzug und depressiven Reaktionen.

Die klinische Arbeit führt uns dazu, die Psyche als eine Abfolge von Schichten aufzufassen, in denen wir es mit sukzessiven Abwehrformationen zu tun haben, in denen sich verschiedenartige psychische Erfahrungen aus verschiedenen Entwicklungsphasen vermischen. Die Wunden können im Laufe der Entwicklung mehr oder weniger gut vernarben. Sie können aber auch durch spätere, nachträgliche neurotische und charakterliche Verarbeitungen besser oder schlechter integriert werden. Eine Verdrängung kann eine Spaltung zudecken. Ein früher agonieartiger Zustand kann sekundär symbolisiert werden (Roussillon 1999). In seinem Aufsatz »Die tote Mutter« (1983) hat André Green exemplarisch gezeigt, wie ein Trauma durch narzisstische Verletzung etwa im Alter zwischen ein und zwei Jahren unter der manifesten Neurose virulent bleibt. Das versteckte Trauma macht sich in der Therapie durch die Hartnäckigkeit der Widerstände bemerkbar.

Wie finden Analytiker und Analysand einen Zugang zum abgespaltenen traumatischen Anteil? Es ist eine Frage und Aufgabe, die sich in der psychoanalytischen Arbeit immer wieder stellt. Die Antwort könnte einfach lauten: durch die Analyse der Widerstände, durch die in der Kur induzierte Regression; aber diese Erklärung ist zu allgemein, sie genügt nicht. Ich denke an spezifische Formen von Übertragung und Gegenübertragung, die ein abgekapseltes Trauma narzisstischer Natur erahnen lassen, wie zum Beispiel eine Übertragung einer depressiven Mutter, eines nicht-haltenden, unzuverlässigen Primärobjekts, das das Baby und Kleinkind seiner Triebgewalt allein hilflos ausliefert. Ich denke auch zum Beispiel an Gegenübertragungsgefühle, wie das Sich-verloren-Fühlen, das Sich-zurückgewiesen-Fühlen oder an emotionalen Entzug. Diese Empfindungen lassen vermuten, dass die Analysanden in der Übernahme der aktiven Position, in der projektiven Identifizierung den Therapeuten behandeln und diesen selbst erleben lassen, wie sie sich in der traumatischen Situation vom Objekt behandelt gefühlt haben.

Ich möchte jetzt ein klinisches Beispiel für ein Trauma durch Verletzung des Narzissmus in der Kleinkindzeit geben. Die Konstellationen, die ich beschreibe, sind mir – mit vielen individuellen Unterschieden – bei vier Analysandinnen begegnet.

Dieser klinische Ausschnitt hat den Titel meines Kommentars zum Beitrag von Jacques Press inspiriert: »Außen gefesselt, innen zerfressen. Verarbeitungsformen traumatischer Erfahrungen«. Eine Analysandin träumte von einem Olivenbaum, der eine dicke, harte Rinde mit tiefen Rillen hatte, der Stamm sah aus wie gefesselt. Sie näherte sich dem Baum, um zu schauen, ob er wuchs und sah, dass er innen drin zerfressen war. Sie kommentierte: »Das Zentrum des Traums ist leer, ich erinnere mich nur noch an die Peripherie.« Nach einer kurzen Pause sagte sie etwas trotzig, es müsse mit der gestrigen Analysestunde zu tun haben, sie könne sich nicht an sie erinnern, wisse nur noch, dass sie lustlos gewesen sei. Dann assoziierte sie zum Olivenbaum, dass ihre Mutter ihr eine Pflanze schenken wolle und sie deshalb mehrmals mit Mails zwängerisch belästigt habe, um zu wissen, wie die Pflanze aussehen sollte. Die Analysandin war voller resigniertem Groll, dass ihre Mutter nicht einmal ihren Geschmack kannte. Ich drückte meine Vermutung aus, dass sie gestern den Eindruck gehabt habe, ich hätte nicht herausgefunden, was sie brauche und hätte ihren Gefühlen und Wünschen keine Resonanz gegeben, das habe sie verletzt und lustlos gemacht. Die Analysandin sagte: »In der gestrigen Stunde hatte ich den Eindruck, dass es nur um meinen Mann ging.«

Nun muss ich hier auf eine Wiedergabe des weiteren Dialogs mit der Analysandin verzichten. Ich möchte nur diese beiden Elemente des Traumes hervorheben: »innen zerfressen und außen gefesselt«. In der letzten Zeit hatte die Analysandin sich ihren Neid- und Grollgefühlen sowie ihren Rachefantasien ihrem Mann und mir gegenüber angenähert. Sie hasste uns, weil sie uns als starr und unerreichbar erlebte, während sie sich zugleich vorstellte, dass andere Objekte in uns Lust und Leben erwecken konnten. Damit übertrug sie auf uns Anteile der Beziehung zu ihrer depressiven Mutter, die vom verstorbenen idealisierten Bruder absorbiert war. Das Trauma ereignete sich, als die Analysandin anderthalb Jahre alt war. Ihr um drei Jahre älterer Bruder starb während einer Bombardierung; ihre Mutter verfiel in einen depressiven Zustand, der mindestens bis zur Rückkehr ihres Mannes aus dem Krieg andauerte.

»Außen dicke, gerillte Rinde, gefesselter Stamm«: In der Analyse konnten wir allmählich rekonstruieren, dass die Analysandin durch den erstarrten Zustand ihrer Mutter, durch deren Besetzungsentzug narzisstisch verletzt wurde. Sie verarbeitete diese Verletzung durch Rückzug und Anästhesieren ihrer Gefühle. Sie passte sich so durch die Errichtung einer Art von falschem Selbst an die depressive Mutter an und wurde nach außen zu einem braven, gefügigen Mädchen. Gleichzeitig hatte sie sich affektiv eingebunkert und verbarrikadiert. Bevor die Panzerung schmolz, hatte sie in der Analyse alles selber gemacht. Sie hielt sich an sich selber. Sie verhielt sich so, als hätte sie keine Erwartungen (mehr) an ein hilfreiches, einfühlsames Objekt. Als sie anfing, mir zu sagen, dass ich sie nicht anregen würde, war es ein wichtiger Schritt, denn sie merkte, dass ihr etwas fehlte, ich wurde zur depressiven Mutter in der Übertragung. Nun bringt sie den Traum des Olivenbaumes in einer Phase der Analyse, in der sie emotional am Auftauen ist. Die narzisstischen Verletzungen, die sie in der Beziehung zur Mutter erlebte und die sie während einer längeren Zeit verleugnete und unterdrückte, und die sie im Innern zerfressenden Groll- und Neidgefühle und die dagegen errichtete Panzerung werden in der Übertragung-Gegenübertragung in die Beziehung zum Objekt gebracht, vom Objekt aufgenommen und affektiv spürbar.

Zum Schluss möchte ich noch eine Bemerkung über die Fesselung des Olivenbaumes anbringen: In der Phase der Separation, in der analen Phase, musste die Analysandin ohne die narzisstische Unterstützung einer lebendigen Mutter, die ihre Triebwünsche und Affekte begleitet und emotional darauf reagiert hätte, auskommen. Als der Vater aus dem Krieg zurückkam, wandte sie sich ihm stürmisch zu. Aber weil die Trieb- und Affektregulation nicht gut gelungen war, hatte sie große Angst vor ihren ödipalen sexuellen Wünschen für ihn. In der Beziehung zur Mutter pendelte sie zwischen Rachefantasien mit Vergeltungsängsten und starken Loyalitätskonflikten. Die Analysandin blieb eine lange Zeit an die Beziehung zu ihrer depressiven Mutter gefesselt, um der Gefahr, in der sexuellen Beziehung vom Trieb traumatisch überwältigt zu werden, aus dem Wege zu gehen.

Literatur

Freud, Sigmund (1939): Der Mann Moses und die monotheistische Religion. S. A. Bd. IX, S. 455–581. Frankfurt/Main (Fischer Verlag).
Green, André (1983): Die tote Mutter. Psyche 47, 1993, 205–240.
Roussillon, René (1999): Agonie, clivage et symbolisation. Paris (PUF).
Widmer-Perrenoud, May (2001): Traumatisierungen und unbewusste Phantasien bei einer durch den Holocaust mehrfach traumatisierten Patientin. Zeitschrift für psychoanalytische Theorie und Praxis, 16 (3), 285–300.

Auf dem Weg zu einer psychoanalytischen psychosomatischen Nosografie

Michel de M'Uzan

Freuds Werke beschäftigen sich mit ganz verschiedenen Gebieten. Was sie dennoch in der Tiefe miteinander verbindet, kann man in die Bereiche Klinik, kulturelle Welt und theoretische Reflexion unterscheiden. Diesem letzteren Gebiet möchte ich meine Ausführungen widmen.

Als Erstes ist daran zu erinnern, dass Freud immer wieder die Vorstellung vertreten hat, dass das psychische Leben in der Aktivität des Körpers verwurzelt ist. Ein Beispiel ist der Begriff des Triebs, der aufgrund seiner Verbindung zur körperlichen Erregung als Arbeitsanforderung an den psychischen Apparat betrachtet wird. In die gleiche Richtung gehend hat der Urheber der Wissenschaft von den Träumen eine klinische Einheit beschrieben, die »Aktualneurosen« (Freud 1895 [1894]), deren Symptomatologie jede symbolisierende psychische Aktivität fehlt. Dies rechtfertigt es meiner Auffassung nach, in Freud den Vater der modernen Psychosomatik zu sehen.

Seit jeher besteht Forschungsaktivität (in Medizin, Zoologie, Soziologie, Kosmologie usw.) zunächst darin, die untersuchten Phänomene zu klassifizieren. Ich werde daher in diesem Beitrag versuchen, eine generelle Klassifikation der psychischen und somatischen Krankheitsentitäten vorzunehmen. Bei diesem Versuch bleibe ich der Linie treu, der Freud in seinem Denken großenteils gefolgt ist. So war er es schon, der innerhalb des Gesamtrahmens von Phobie und Zwang diese beiden Einheiten voneinander unterschieden hat. Auch hat er bereits zwischen Angsthysterie und Angstneurose differenziert (1895 [1894]), und er war es auch, der in »Hemmung, Symptom und Angst« (1926) den fundamentalen Unterschied zwischen der Situation von Gefahr und der von Hilflosigkeit erkannt hat. Die Beispiele für taxonomische Bemühungen dieser Art ließen sich beliebig vermehren.

Ist die Forschung einmal aufgenommen, kann sie nicht bei der Beobachtung stehen bleiben; sie muss auch auf Theorie Bezug nehmen. Und eine solche muss strengen logischen Anforderungen genügen. Ich zitiere dazu eine Bemerkung des Physikers Stephen Hawking: »Eine Theorie ist nur unter zwei Bedingungen eine gute Theorie. Zum einen muss sie eine große Zahl von Beobachtungen, ausgehend von einem Modell, das nur wenig willkürliche Elemente enthält, exakt beschreiben; zum anderen soll sie es ermöglichen, präzise und sichere Vorhersagen über die Ergebnisse künftiger Beobachtungen aufzustellen.« Mit der Krankheitslehre verhält es sich nicht anders, aber man gerät gleich in eine schwierige Problematik, da das Bemühen um Klassifikation einerseits bekanntlich in eine Sackgasse führen kann, andererseits aber der Sockel ist, auf dem Theorien aufgebaut werden.

Anfangs hatten die Psychoanalytiker, die sich für Beeinträchtigungen des Körpers interessierten, (selbst wenn sie die Vorstellung einer basalen Einheit von Körper und Geist aufrechterhielten), die medizinische Krankheitslehre übernommen, die von Bezügen zu Histologie und Anatomie bestimmt ist, die den Körper in den pulmonären, den kardiovaskulären, den Verdauungsapparat und andere Apparate zerlegt. Bei diesem Vorgehen bemühten sich die Psychoanalytiker, die Psychosomatiker geworden waren, die »mentalen Spezifika« zu finden, die mit den in den Lehrbüchern der Medizin beschriebenen Krankheiten korrespondierten. Dieses Vorgehen war nicht unfruchtbar, behinderte aber das Denken.

Eine letzte einleitende Bemerkung: Wie bei der Untersuchung jedes anderen Gegenstands muss eine methodische Klassifikation von Krankheiten deren Stabilität über die Zeit hinweg mit berücksichtigen. Hiervon ist man in der Psychosomatik weit entfernt, wie übrigens auf dem Gebiet der Psychopathologie überhaupt, wo man gerne unterstreicht, dass die »schönen Neurosen« von einst ihren Platz zunehmend an etwas abtreten, was man »Grenzzustände« nennt.

Angesichts der Schwierigkeiten, die sich aus dieser Situation ergeben, muss der Analytiker einen wirklichen methodischen »Gewaltakt« vollziehen: Welches auch immer die organischen oder funktionellen Symptome sein mögen, die zu Syndromen oder Krankheiten zusammengefasst sind, man soll sie nur von zwei komplementären Bezugspunkten aus untersuchen. Der erste ist die »Mentalisierung« (ich komme darauf zurück). Der zweite ist das »Programm genetischer Natur« und kommt dem nahe, was wir Selbsterhaltung nennen; dieses Programm gewährleistet die Entwicklung des Lebewesens, seinen Schutz – und sein Ende.

Ich stelle nun den ersten Referenzpunkt dar: die *Mentalisierung*. Selbst wenn uns die Mentalisierung als Begriff vertraut geworden ist, muss man doch die Art der Akzeptation, die sie erfahren hat, präzisieren und daran erinnern, dass sie einen Bezug zu den Fähigkeiten des Träumens und der Fantasietätigkeit hat. Wie also die beobachteten organischen oder funktionellen Symptome auch immer beschaffen sein mögen, der Psychosomatiker-Psychoanalytiker zieht zu deren Klassifikation nur die Charakteristika des psychischen Funktionsniveaus heran, wie sie im Laufe der klassischen Erstgespräche in Erscheinung treten. Das heißt, die Aufmerksamkeit richtet sich auf Besonderheiten im verbalen Material, auf dessen Reichtum und dessen Schwächen, auf Fehlleistungen, denn vor allem auf dieser Ebene manifestiert sich, verrät sich die psychische Arbeit.

Es erfolgt eine wahrhafte Umkehrung der Perspektive: Im Rahmen dieses ersten Bezugssystems erfolgt die selektive An- und Einordnung somatischer Störungen auf der Grundlage psychoanalytischer Desiderata. Anders formuliert: Im Lichte einer metapsychologischen Bewertung der geistig-seelischen Aktivitäten betrachtet man – mit dem Ziel ihrer Klassifikation – die Bestandteile der somatischen Semiologie; eine Vorgehensweise, die sich bereits auf eine neue, entwicklungsfähige und flexible Krankheitslehre hin öffnet. Ist es nicht so, dass mit dem gleichen psychischen Funktionsmodus, der durch fehlende Mentalisierung charakterisiert ist, verschiedene schwere somatische Pathologien einhergehen, (im Verdauungssystem, im vaskulären Bereich, Systemstörungen usw.), die scheinbar in keiner Beziehung zueinander stehen? Davon ausgehend kann man mit Recht von einer wahrhaften »Klinik des Mangels« sprechen, anders ausgedrückt: von der »pensée opératoire« (Marty, de M'Uzan 1963).

Seit langem ist dieser Begriff für dieses Phänomen im Sprachgebrauch üblich, zumindest in Frankreich. Ich möchte aber doch insofern kurz darauf eingehen, als dieses Phänomen metapsychologisch interpretiert werden kann. Bei der Untersuchung des Phänomens habe ich neben dem Versagen der Vorstellungsaktivitäten einen Mechanismus (im klassischen Sinne des Wortes) von entscheidender Bedeutung ausmachen können: *die Überbesetzung des Faktuellen*, das heißt dessen, was am unmittelbarsten an die Realebene geknüpft ist.

Zum Verständnis dieses Mechanismus muss man sich vorstellen, dass er nur der sichtbare Abschluss einer Montage ist, der »montage opératoire«. Die Realität in ihren konkretesten Aspekten in »mechanistischer« Weise und mittels verzerrter Wahrnehmung überzubesetzen ist eine der möglichen Reaktionen auf die Gefahr halluzinatorischer Einbrüche eines Signifikanten in das Bewusstsein, wie Freud es dargestellt hatte. Die von der Halluzination ausgehende Bedrohung hat zweifellos einen Vorläufer, den man nirgendwo anders als in den archaischsten Abwehrmechanismen suchen sollte, wie sie für die Psychose charakteristisch sind. Ganz folgerichtig greift man hier zur freudschen »Verwerfung« (von der sich der lacanianische Begriff der »forclusion« ableitet), der zufolge das, was im Inneren ausgeschaltet wurde, von außen wiederkehrt, und zwar eben über den Weg der Halluzination. Die »pensée opératoire«, die im Vorfeld hierzu bereits eingreift, kann entsprechend einer ihrer Entstehungsmodalitäten als eine Abwehr gegen die Folgen einer Psychoseabwehr betrachtet werden (de M'Uzan 1973).

Die eben beschriebene »montage opératoire« ist einer der Wege zur Einsetzung der »pensée opératoire«, denn ich denke inzwischen, dass es daneben noch einen anderen gibt, einen sozusagen *ursprünglichen* mechanistischen Denkmodus. Was mich zu dieser Annahme veranlasst, ist, dass die »pensée opératoire« bei der Erstellung einer Krankheitslehre nicht nur wegen ihrer »qualitativen« Charakteristika einen Platz im »Kern« einnimmt, sondern auch wegen ihrer Bezüge zum »Ökonomischen« – in dessen metapsychologischer Bedeutung. Die wechselseitige Abhängigkeit von Qualitativem und Quantitativem muss aus nächster Nähe betrachtet werden, wenn man bei der Erarbeitung einer psychosomatischen Krankheitslehre den »ökonomischen« Faktor legitimerweise einbringen will.

Ferner muss unbedingt die *Natur* der beteiligten Besetzungsenergien berücksichtigt werden, samt den Prinzipien (der Trägheit und der Konstanz), die deren Ablauf steuern. Bei bestimmten psychosomatischen Affektionen, die wir »Somatosen« nennen, kann man beobachten, dass die sexuelle Qualität der libidinösen Energie als Folge einer schweren zeitlichen Regression verloren gehen kann und sich der Form einer puren Erregung annähert (de M'Uzan 1994), die danach »giert«, auf allerdirektesten Wegen abgeführt zu werden. Demgegenüber kann die Energie, die (im psychoneurotischen Bereich) bei einer Gegenbesetzung von Triebrepräsentanzen eingesetzt wird, aus desexualisierter Libido bestehen; meistens ist sie stattdessen aber ganz anderer Herkunft, und zwar jener, die man Selbsterhaltungsstreben nennt, eine somatische Kraft, die unter Rückgriff auf Freud verschiedentlich als »Interesse« (franz.: »intérêt«) bezeichnet wird. Weiter ist zu präzisieren, dass auf dem Gebiet der Psychosomatik die Gegenüberstellung von Primär- und

Sekundärprozess kaum von Nutzen ist, weil sie streng betrachtet ja nur das mentale Funktionieren betrifft. Die Unterscheidung von Konstanzprinzip und Trägheitsprinzip sollte ihren Platz im Feld der Psychosomatik dagegen behalten, allerdings mit der Einschränkung, die Einwirkung des Trägheitsprinzips nur in der Verwaltung einer nicht-sexuellen oder zumindest desexualisierten Energie zu sehen. Man beachte weiter, dass das Realitätsprinzip, das mit den Sekundärprozessen ins Spiel kommt, bei der erwähnten Überbesetzung des Faktischen auf »quasi-teratologische« Weise einwirkt.

Damit kann nun der erste Teil einer neuen Krankheitslehre vorgelegt werden. Ich stütze mich dabei wie angekündigt auf die beiden Referenzsysteme Mentalisierung und Selbsterhaltung. Ich füge noch den Begriff der Verführung hinzu, auf den ich zurückkommen werde. Die beiden verwendeten Referenzen sind zwar komplementär, im Interesse der Klarheit des Exposes werden sie aber zusammen mit den sie illustrierenden Grafiken nacheinander dargestellt.

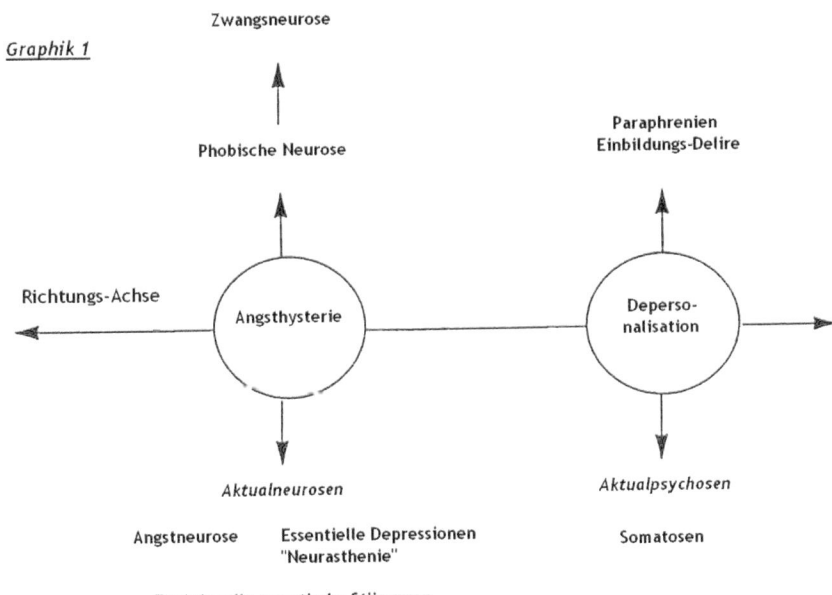

Grafik 1 zeigt den ersten Teil der Krankheitslehre, dessen strukturierender Faktor die Mentalisierung ist. Zwei mentale »Kern«-Zustände fordern beim psychischen Apparat dessen Fähigkeiten an, eine Erregung zu bewältigen, die genau aus ökonomischen Gründen traumatischen Charakters ist. Es sind dies zum einen der Angstzustand, wie er in der klinisch gut definierten Entität der *Angsthysterie* beobachtbar ist, und zum anderen die *Depersonalisation*, die mit entstrukturierenden frühen Erfahrungen einhergeht. Beide Zustände ordne ich der gleichen Achse zu, die ich »Richtungs-Achse« (»ligne de sens«) nenne. Sie ist eine wirkliche Grenze, die in Abhängigkeit von der Fähigkeit des mentalen Systems aufgebaut wird. Es geht um die Frage, ob das System den Triebdruck nach dem Konstanzprinzip (das bekanntlich das Lustprinzip ökonomisch unterstützt) erfolgreich bewältigt, oder ob es an dieser Aufgabe scheitert; es ist dies eine andere Art und Weise, von Mentalisierung zu sprechen. So können Angsthysterie und Depersonalisation, zwei unterschiedlich verwendete Begriffe, insofern miteinander verbunden werden, als beide dem Geist eine vergleichbare Arbeit »auferlegen«: der Quantität eine Qualität zu verleihen.

Zunächst zum Schicksal der *Angsthysterie*. Es handelt sich um eine klinische Entität von größter Instabilität. Wenn sie nicht zur Produktion von Konversionsphänomenen führt und die Mentalisierungsfähigkeiten ihre Wirkung entfalten, das heißt ein »symbolbildendes Verhandeln« zwischen Triebdruck und Abwehrarbeit des Ichs entsteht, entwickelt sich die Angsthysterie wie von selbst zur *phobischen Neurose*. Zur phobischen Neurose, die – weil ebenfalls instabil – ihrerseits dazu bestimmt ist, als solche zu scheitern; ein Scheitern, das dem psychischen Apparat auferlegt, eine komplexere, größere Anstrengung auf sich zu nehmen, die in einen erweiterten Zeitrahmen eingeschrieben ist und in die »Konstruktion« der *Zwangsneurose* mündet. Es handelt sich hierbei um eine *evolutive* Krankheitslehre. In diesem Rahmen betrachtet, kann sich die Zwangsmechanik, weil sie sich in einen größeren Zeitraum hinein entfaltet, auf ökonomischer Ebene ziemlich lange »halten«. Eines ihrer Schicksale betrifft speziell den Psychosomatiker: ihre »Versteinerung«. Dazu kommt es, wenn es das Ich ablehnt, in einer stetigen Erneuerung der Gegenbesetzung zu verharren, und stattdessen »entscheidet«, sich selbst umzuformen, indem es einer jener klinischen Entitäten, die *Charakterneurosen* genannt werden, das Feld überlässt. Dieser Aspekt sollte nicht zu gering veranschlagt werden, denn die Charakterneurose ist einer der psychologischen Hintergründe diverser Somatosen, die nach Ansicht einiger Kollegen psychoanalytisch angehbar sind.

Auf der »Richtungs-Achse« stehen der Angsthysterie Entitäten gegenüber, deren Entstehung nicht von einer Arbeit des Ichs an Triebrepräsentanzen herrührt, und auch nicht von der Konfrontation mit der Wiederkehr von etwas Verdrängtem im Rahmen eines Repräsentationsgeschehens. In diesem Fall ist ganz im Gegenteil gerade eine Defizienz im Spiel, welche die eben genannten Fähigkeiten in Mitleidenschaft zieht. Damit ist nun ein ganz anderes Krankheitsgeschehen umschrieben, und zwar eines, das Freud sehr früh herausgearbeitet (und nie widerrufen) hat: das der *Aktualneurosen*, deren Symptomatologie keinerlei Szenario zum Ausdruck bringt, das irgendeine symbolische Bedeutung hätte. Zu dieser Krankheitsgruppe zählen die *Angstneurose*, bestimmte *essentielle Depressionen* (vielleicht die einst berühmte Neurasthenie) und verschiedene *funktionelle körperliche Störungen* und auch Syndrome, in denen lediglich Modifikationen des Aktivitätsniveaus dieser oder jener Funktion zum Ausdruck kommen, ohne dass es zu einer *wirklichen Entgleisung* käme; wenn es zu organischen Schäden kommt, dann allein aufgrund der Dauer der Funktionsstörung.

Unter den so genannten psychosomatischen Störungen gibt es zahlreiche chronische, schwere und sogar tödliche, auf die die Modellvorstellung der Aktualneurose in keinster Weise zutrifft. In diesen Fällen geht die Störung nicht nur mit einer mehr oder weniger weit gehenden Veränderung der physiologischen Aktivitäten einher. Man hat es vielmehr mit disharmonischen Störungen zu tun, die eventuell auch mehrere Sektoren gleichzeitig in Mitleidenschaft ziehen können, (auf der Ebene der Gefäße, der Schleimhäute, des Affekts, der Ernährung und auf systemischer Ebene). Angesichts solcher Phänomene wäre es keineswegs unangebracht, von »Körper-Verrücktheit« zu sprechen.

Um alle Krankheitserscheinungen in einen gemeinsamen Rahmen zu fassen, dessen Unterscheidungskriterium das Mentalisationsniveau ist, platziere ich auf der »Richtungs-Achse« den *Depersonalisations-Zustand* an dem der Angsthysterie entgegengesetzten Pol. Dieser Zustand umfasst verschiedene sensomotorische Störungen und beeinträchtigt das Subjekt in einer so erschreckenden Weise, dass die Angst vor seinem erneuten Auftreten sogar die gesamte weitere Lebensrichtung bestimmen kann. Dieser Zustand geht mit bestimmten »Primär-Erfahrungen« einher, bei denen das Ich punktuell beeinträchtigt wird, sodass man ihn nicht mit einfachen *Anfällen* von Depersonalisation verwechseln sollte, wie sie bei jeder Neurose vorkommen können – oder im Laufe analytischer Sitzungen! Wenn die Grenzen des Menschen von Entfremdungsgefühlen angegriffen werden und zu unsicher geworden sind, wird der psychische Apparat des Subjekts mit äußerster Schärfe auf den Plan gerufen, den man aber immer noch als *homolog* zu dem betrachten kann, was wir bei der Angsthysterie beobachten, denn auch dort besteht die Aufgabe darin, in etwas nicht genau Auslotbarem einen Sinn zu entdecken oder zu erfinden.

Der Aufbau eines flüchtigen Delirs (eines passageren Wahns beispielsweise) oder einer fester strukturierten Wahnbildung (wie bei den Paraphrenien) ist eine Reaktion auf diese Lage, die allerdings erhaltene oder gar besonders reiche Mentalisations-Fähigkeiten zur Voraussetzung hat. Die Effizienz dieser »idealen« Lösung ist aber in keinster Weise gesichert, denn die Verwerfung eines im Auftauchen begriffenen Signifikanten kann zur »mechanistischen Konstruktion« einer *Somatose* führen (ein Begriff, der vom Psychosomatiker gern verwendet wird).

In anderen Fällen muss die Einwirkung eines Mechanismus eigener Art berücksichtigt werden, den ich *Verleugnung der inneren Realität,* (hier des Ich-Zustands), nenne. So wirken fehlende Mentalisierung, Qualitätsverlust der Besetzungsenergie, Verwerfung und Verleugnung der inneren Realität – zusammen oder je einzeln – bei der Herausarbeitung einer neuen nosografischen Einheit mit: derjenigen der *Aktualpsychosen* (de M'Uzan 1998). Ich habe diesen Begriff gewählt, um »lexikalisch« an den der *Aktualneurosen* anzuschließen; beide sind, wenn auch auf verschiedenen Ebenen, in einer Defizienz an Mentalisierung begründet. Und nur die Mentalisierung ermöglicht es, zu träumen, zu fantasieren – oder ein Delir auszubilden. Auf der Zeichnung figurieren diese Aktualpsychosen natürlich unterhalb der »Richtungs-Achse«. In der Aktualpsychose unterhält das Subjekt zur Realität eine extrem magere, eine »blande Beziehung« (de M'Uzan, David 1960; Marty, de M'Uzan 1964), womit die Aktualpsychose der geradezu karikaturale Gegensatz von Wahnaktivität ist. Damit komme ich nun zur zweiten Dimension meiner Krankheitslehre.

Meine in der Grafik 2 dargestellte These geht von einem besonderen Konzept von Entwicklung im Bereich des Bedürfnisses aus, das heißt von einem *Programm genetischer Natur,* – andere würden hier von *Instinkt* sprechen; ein Programm mit seinen Etappen und seinem potenziellen Ende, das mit dem Zusammentreffen von männlichen und weiblichen Gameten einsetzt und eine von Anfang an feststehende Lebensdauer hat. Übergänge von einer Etappe zur anderen sind Entwicklungsschwellen und zeigen nosografisch

Auf dem Weg zu einer psychoanalytischen psychosomatischen Nosografie · 123

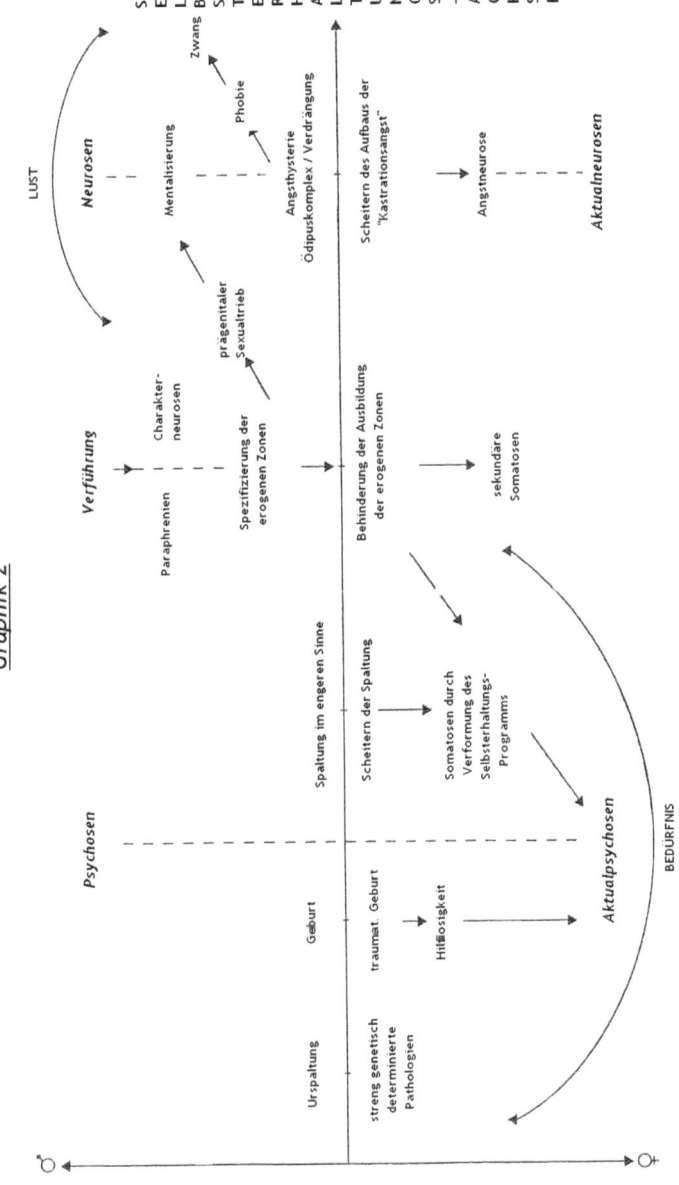

Relevantes direkt an. Zur besseren Kommunikation halte ich am Begriff der »Selbsterhaltung« fest, unterstreiche aber, dass man gleichzeitig auf die Bezeichnung »Selbsterhaltungstrieb(e)« verzichten sollte, denn in meinen Augen hat der Begriff des *Triebs* nur im Bereich des Mentalen seinen Platz, sei es als psychischer Ausdruck der Selbsterhaltungskräfte, dementsprechend »Ich-Triebe« genannt, oder als Konnotation des Sexuellen in Form der Libido.

In der Grafik wird das Selbsterhaltungs-Programm als horizontale Linie mit der Benennung »Selbsterhaltungs-Achse« dargestellt. Hier finden sich die verschiedenen Etappen des Programms und damit auch die Anlässe für ein Scheitern von dessen Fortschritt. Die zeitliche Aufteilung dieser Etappen scheint mir logisch und erfordert kaum weiteren Kommentar, sofern man meine theoretischen Prämissen akzeptiert. Schwierig bleibt dagegen die Frage nach dem Zeitabschnitt, der die Etappen voneinander trennt. Er kann variabel sein, manchmal auch nur minimal, sodass man bisweilen gar an Gleichzeitigkeit denken könnte. Ich denke dabei im Besonderen an die grundlegende Rolle der Verführung, die einen besonderen Bezug zu diesem Thema hat. Jeder Entwicklungsschwelle sind die ihr zugehörigen Pathologien beigeordnet, wodurch die Verbindung zu der Nosografie deutlich wird, die unter Zugrundelegung der Mentalisierung erstellt wurde. Ausgehend von dem Schicksal, zu dem es jeweils kommt, habe ich die folgenden Etappen gelten lassen:

1. Das was sich mit den ersten Zellteilungen unmittelbar an das Zusammentreffen von männlichen und weiblichen Gameten anschließen dürfte, habe ich »Urspaltung« genannt. Dieser Zeitabschnitt betrifft den Psychosomatiker natürlich kaum, aber ich stelle mir diesbezüglich gerne vor, dass sein Scheitern für bestimmte Pathologien mit spezifischer, klar umgrenzter Ursache verantwortlich sein dürfte (im Fall der Chorea beispielsweise).
2. die Geburt mit ihren eventuell traumatischen Umständen;
3. die Spaltung im eigentlichen Sinne, deren Eintritt entscheidend zur Freilegung der Identität beiträgt;
4. die Herausbildung der erogenen Zonen;
5. die Kastrationsangst.

In den drei ersten Phasen nimmt das *Bedürfnis* den Hauptteil des Platzes ein. Mit der Herausbildung der erogenen Zonen tritt die *Lust* ihre Herrschaft an.

Die Geburt zieht als zweiter Zeitpunkt im Programmablauf insbesondere deshalb unsere Aufmerksamkeit auf sich, weil deren Wucht die von der

»Natur« vorgesehene Toleranzschwelle des Fötus übersteigt. Das Ereignis wird also voll und ganz *traumatisch*, und der Begriff des »Geburtstraumas« erhält dadurch seine ganze Berechtigung. Wie Freud (1926) bereits formuliert hatte, stellt sich dann ein Zustand von *Hilflosigkeit* ein, mit der Folge einer schwer wiegenden, dauerhaften Beeinträchtigung der Arbeitsfähigkeit des psychischen Apparats und – genauer formuliert – der Mentalisierung. Eine Hilflosigkeit, die Freud bekanntlich von der Situation der *Gefahr* unterscheidet, die zur Signalangst und Kastrationsangst weiterführt. Eine Hilflosigkeit auch, die sogar das Aufkommen eines archaischen psychischen Funktionierens behindert, auf dessen Grundlage sich eine Paraphrenie, zum Beispiel eine halluzinatorische Wahnbildung, hätte entwickeln können. Eine Hilflosigkeit, die einen der möglichen Wege zur Entstehung der *Aktualpsychosen* eröffnet, von denen gerade die Rede war. An dieser Stelle muss betont werden, dass das, was gemeinhin als das Allerpathologischste erscheinen mag – ein Wahngebilde nämlich – unter dem Gesichtspunkt der Mentalisierung als Zeichen wirklicher Qualität psychischen Funktionierens betrachtet werden muss, wenn auch als ein etwas eigentümliches!

Das Auftreten der *Spaltung im engeren Sinne* erfolgt im dritten Zeitabschnitt des Programms. Es mag erstaunen, dass ich einem Mechanismus, der vor allem als Erzeuger (und Charakteristikum) pathologischster Phänomene wie Psychose und Perversion gilt, eine positive Rolle in der frühen Entwicklung des Menschen beimesse. Die Spaltung ist tatsächlich ein Hauptfaktor bei der Freilegung der Identität; dies sicherlich in der Unterscheidung zwischen Selbst und Nicht-Selbst, zuvor aber auch in der grundlegenden Operation, in der sich das Subjekt durch Erschaffung eines Doppelgängers von sich selbst scheidet (de M'Uzan 2005). Demnach ist die Spaltung in ihrem üblichen pejorativen Sinn nur ein seiner Qualität beraubter, seinem Wesen nach aber »physiologischer« Mechanismus, dessen Scheitern auf einer Entwicklungsstufe des Menschen ernsteste Folgen haben kann, nämlich in Form von »Somatosen aufgrund direkter Verformung des Selbsterhaltungs-Programms«, wie ich sie genannt habe. Es sind dies Affektionen, die zum Bereich der *Aktualpsychosen* zählen und meist frei von jeder sichtbaren mentalen Pathologie sind – mit Ausnahme des automatistisch-mechanistischen psychischen Funktionierens! Beiläufig hinzufügen möchte ich, dass diese Sichtweise die Vorstellung einer grundlegenden Unterschiedenheit zwischen der Identitätsebene, die zum Bereich der Selbsterhaltung gehört, und der Ebene des Narzissmus libidinöser Herkunft stützt.

Im Fortgang des Programms ist die Durchquerung der vierten Etappe oder »Verführungszeit« für die Zukunft des Subjekts entscheidend, denn hier schlägt die Mentalisierung dank einer fruchtbaren und geradezu organischen Verbindung zwischen Selbsterhaltung und Sexualität ihre Wurzeln. Zu diesem Phänomen kann es allerdings nur kommen, wenn die Befriedigung der Bedürfnisse des Kleinkindes eine neue, quasi mutative Tragweite gewinnt. Dieser grundlegende Fortschritt ergibt sich aus dem Zusammentreffen der Qualität der mütterlichen Pflege und einer sich entwickelnden Fähigkeit des Säuglings, *den darin enthaltenen Verführungsaspekt aufzunehmen und zu erleben* – ganz wie das Zellschloss auf das Virus wartet, das es öffnet. In diesem Zusammenhang wird gerne auf die Rolle der unbewussten Fantasietätigkeit der Mutter hingewiesen, von der eine dunkle Nachricht ausginge, die der Säugling interpretieren müsse. Ich denke hier aber zunächst an eine *Art und Weise*, in der die Pflege durchgeführt wird, die – von »tiefer Einfühlung« geleitet – in Übereinstimmung mit den physiologischen Rhythmen des Kindes (Atmung, Körpertonus usw.) sein muss, gerade deshalb *verführend* wird und deren *Befriedigung* in eine *Quelle von Lust* transformiert.

Die mütterliche Verführung wirkt also auf die Selbsterhaltung und erzeugt dort erogene Zonen, deren spätere Entstehung genetisch vorgesehen war. Diese Aktivität der Mutter gibt dem psychischen Apparat des Kindes auf prägenitaler Ebene und als *sexuelles Triebgeschehen* eine Arbeit ganz eigener Art auf, anders formuliert: die Mentalisierung. Zur grundlegenden Bedeutung der präödipalen mütterlichen Verführung ist an Jean Laplanche zu erinnern, der 1987 in seinem Buch »Neue Grundlagen für die Psychoanalyse« und mit seiner »allgemeinen Verführungstheorie« die somato-psychischen Montagen des Individuums mit den Signifikanten in Beziehung gesetzt hatte, die vom Erwachsenen ausgehen und mit der Befriedigung von Bedürfnissen in Verbindung stehen, gleichzeitig aber auch sexuelle Botschaften mitbefördern, die dechiffriert werden müssen.

Meine Ausführungen werden demgegenüber stärker durch den *ökonomischen* Aspekt bestimmt, wie er unter anderem durch die Definition des Triebs als *Arbeitsanforderung* definiert ist; eine Arbeitsanforderung, *die dem psychischen Apparat durch dessen Verbindung mit der Aktivität der erogenen Zonen auferlegt ist* – Freud formulierte: »aufgrund von dessen Verbindung zum Körper«. Es liegt jedenfalls auf der Hand, dass ein schwerer Mangel an Mentalisierung oder eine Pervertierung der Verführung zu einem Zeitpunkt, zu dem die erogenen Zonen sich durch Loslösung von der Selbsterhaltung herausbilden müssen, sehr nachteilige Auswirkungen auf die weitere Entwicklung haben werden. Diese zeigen sich manchmal erst viel später, werden hier aber vorbereitet.

Genauer gesagt, interveniert die Verführung in dieser vierten Entwicklungszeit auf der Selbsterhaltungs-Achse sowohl ihrer Form wie ihrem Umfang nach auf mehrerlei Weise. Zunächst bereitet ihre Einwirkung, was nicht vergessen werden sollte, die Annäherung an die nachfolgenden Etappen positiv vor, sofern sie sich innerhalb bestimmter Grenzen hält. Kommt sie zur Unzeit oder in zu heftiger Form, kann die Verführung bestimmte Partialtriebe festschreiben, wie sie bei den prägenitalen Neurosestrukturen deutlich zu Tage treten, und auch im Kern sublimatorischer Aktivitäten, insbesondere wenn diese eine »fanatische« Wendung nehmen. Ist die Verführung exzessiv oder »verdorben«, ist sie – was man nicht vergessen sollte – aktiv an der Entstehung bestimmter Charakterneurosen beteiligt, auch an der Ausbildung jener psychiatrischen Pathologien, die halluzinatorische Wahnbildungen oder Paraphrenien genannt werden.

Es ist zwar schwierig, alle Folgen eines Mangels an Verführung genau abzuschätzen, die Klinik zeigt uns aber ein unzweifelhaftes Zusammentreffen zwischen dem Mentalisations-Defizit, das sich daraus ergibt, und der *Überbesetzung des Faktuellen*, von der ich im Zusammenhang mit dem automatistisch-mechanistischen psychischen Funktionsmodus gesprochen hatte. Diesem Status entspricht – und darin liegt der wichtige Punkt – eine polymorphe Pathologie, die in einer paradoxen und den Unterscheidungskriterien der medizinischen Pathologie ganz entgegengesetzten Herangehensweise Affektionen zusammenfasst, die verschiedene Sektoren betreffen, welche dem Anschein nach gar nichts miteinander zu tun haben; ich bezeichne sie als »sekundäre Somatosen«. Diese Bezeichnung spezifiziert die sprachlichen Entwurzelungen und Umgruppierungen auf dem Weg zu einer neuen psychosomatisch-psychoanalytischen Krankheitslehre.

Die fünfte Entwicklungs-Etappe auf der Selbsterhaltungs-Achse entspricht dem Durchmachen der so genannten ödipalen Phase. Hier findet man, voneinander unterschieden, die klinischen Entitäten, die in meiner ersten Grafik abgebildet waren. Die jetzige Situation unterscheidet sich aber von der, die auf den vorangegangenen Etappen des »Selbsterhaltungs-Programms« beobachtbar waren. Dieses Programm trägt nämlich normalerweise – mehr oder weniger ausgedehnt – die endgültigen Spuren der tatsächlichen Verführung, von der ich gesprochen habe. Da die Bedürfnisbefriedigung ihre Vorrangstellung an die Lust verliert, komplizieren sich die Dinge zum Besseren oder zum weniger Guten hin, aber stets innerhalb des psychischen Raums, und ermöglichen dem Sexualtrieb im engeren Sinne, in Erscheinung zu treten. Vom Sexualtrieb weiß man ja, dass er sich nur in Anlehnung an die Selbsterhaltung entwickeln kann, während letztere ihre Funktion nur unter Bindung an den Sexualtrieb bewahren kann. Nun sind alle Bedingungen dafür gegeben, dass das Feld der Neurose in einem Entwicklungsgang von der Angsthysterie über die Phobie bis hin zur Zwanghaftigkeit Platz greifen kann. Und in den zuweilen tiefen Spuren einer wirksamen Verführung entdeckt man den Schatten der Kastrationsangst.

Ganz anders stellt sich die Situation dar, wenn das Ausbleiben einer *Urverführung* die Entwicklung der Selbsterhaltungs-Dimension schwer beeinträchtigt hat. Wenn die Mentalisierung mangelhaft war, geht es nicht mehr um Neurose, Angsthysterie und nicht einmal um Konversion, wir haben es dann vielmehr mit der Wüste der *Aktualneurosen* zu tun. Es wurde schon viel dazu gesagt, aber es muss doch hinzugefügt und präzisiert werden, dass es sogar im neurotischen Bereich Platz für kleinere psychische Störungen gibt, deren (von den Psychosomatikern herausgearbeitete) beschützende Rolle sich verlieren kann, wenn der »Grauzone« der so genannten psychofunktionellen Störungen Gelegenheit gegeben wird, sich das ganze Leben hindurch voller Überraschungen zu manifestieren – mit seiner von Anfang an programmierten Dauer.

Mit dem Entwurf einer Krankheitslehre, die den somatischen *und* den psychischen Bereich umfasst, setze ich mich – wird man einwenden – einer Kritik aus, deren Grundlagen ich selbst geliefert habe. War es dennoch sinnvoll? Die Bemerkung ist berechtigt. Aber ich kann nicht umhin zu versuchen, Ordnung in die Beobachtung der Phänomene zu bringen, mit denen ich konfrontiert bin. Außerdem erlaubt mir das Bemühen um Klassifikation, meine Überlegungen fortzusetzen. Es geht dabei also nicht um ein intellektuelles Spiel. »Im Feld« ist die Beobachtung, die durch akzeptierte theoretische Bezugnahmen unterstützt wird, weniger abenteuerlich. Letztere machen es außerdem möglich, dass der Geist, der mit dem Fremdartigen konfrontiert wird, das sowohl Körper wie Geist erfinden, sich einer gewissen Verwirrung geradezu aussetzen kann und weniger dadurch gelähmt wird, was ihm wiederum erlaubt, weiter zuzuhören und zu erfinden.

(Aus dem Französischen übersetzt von Eike Wolff, Brüssel)

Literatur

Freud, Sigmund (1895 [1894]): Über die Berechtigung, von der Neurasthenie einen bestimmten Symptomenkomplex als »Angstneurose« abzutrennen. GW Bd. 1, S. 315–342.
Freud, Sigmund (1926 [1925]): Hemmung, Symptom und Angst. GW Bd. 14, S. 111–205.
Hawking, Stephen (1989): Une belle histoire du temps. Ed. Flammarion (engl.) A brief history of time. Transworld Publishers Ltd. UK, (2001).
Marty, Pierre; de M'Uzan, Michel (1963): La pensée opératoire. In: Revue française de psychanalyse, XXVII, 4, 345–357.
De M'Uzan, Michel (engl. 1973, 1974): Psychodynamic mechanisms in Psychosomatic symptom formation. In: Psychotherapy and Psychosomatics vol. 23, Basel (S. Karger).
De M'Uzan, Michel (1994): La bouche de L'inconscient. Paris (Gallimard), S. 155–168.
De M'Uzan, Michel (1998): Impasses de la théorie, théories indispensables. 58. congrès de langue française, Revue française de psychanalyse 5.
De M'Uzan, Michel; David, Christian (1960): Préliminaires critiques à la recherche en psychosomatique. Revue française de psychanalyse, XXIV, 1. Et in: Marty, Pierry; de M'Uzan, Michel (1963): L'investigation psychosomatique, et 2. Ed. 1994, Paris (PUF).
De M'Uzan, Michel (2005): Le jumeau paraphrénique. In: Aux confins de l'identité. Paris. (Gallimard), S. 15–40.
Laplanche, Jean (1987): Nouveaux fondements pour la psychanalyse. Paris (PUF).

# Nachnotizen zu Michel de M'Uzans »Nosografie«

Charles Mendes de Leon

Notizen sind kurze schriftliche Aufzeichnungen. Als »Nachnotizen« habe ich meine nachträglichen Anmerkungen zu Michel de M'Uzans eigenwilligem, reich instrumentiertem metapsychologischem Gedankengang bezeichnet. Seine Ausführungen, die ein in sich geschlossenes metapsychologisches System bilden, verschränken den Themenkreis einer psychoanalytischen Nosologie mit jenem der allgemeinen inneren Medizin: Sie stecken mithin ein sehr weites Feld ab.

Im Folgenden will ich einige Passagen beleuchten und thesenhaft kommentieren. In einem ersten Schritt stelle ich die psychoanalytischen nosografischen Vorschläge Michel de M'Uzans der gegenwärtigen deutschsprachigen diagnostischen Kultur gegenüber, die von der ICD-10 und dem DSM IV beherrscht wird. Denn die Auswirkungen der beiden Klassifikationsinventare auf das Denken, die Praxis und die soziale Situation der psychoanalytischen Psychotherapeuten und Psychoanalytiker sind beträchtlich. DSM hat ein System von Fachausdrücken freigesetzt und in den Köpfen verankert, das unter anderem der Streichung der Krankenkassenbeiträge für die Neurosenpsychotherapie, möglicherweise sogar für jede Langzeittherapie, vor-gearbeitet hat.

»Was heißt eigentlich Nosografie?«, fragten mich mehrere Kollegen, die etwas jünger sind als ich, angesichts des von Michel de M'Uzan gewählten Titels »Vers une nosographie psychosomatique psychanalytique«. Man verwendete einst das Wort »Nosologie«, das Krankheitslehre bedeutet – ein Terminus, der sich heute auf dem Rückzug befindet. Die Ursache hierfür dürfte in der Wortbedeutung des griechischen »nosos« = »Krankheit« zu finden sein. Die beiden derzeit einflussreichsten internationalen Klassifikationen für psychische Krankheiten, das Kapitel F der Internationalen Klassifikation der Krankheiten der WHO in der 10. Revision, die ICD-10, und das von der American Psychiatric Association herausgegebene DSM IV, das »Diagnostic and Statistical Manual of Mental Disorders«, ersetzen grundsätzlich Begriffe wie »Krankheit« oder »Erkrankung« durch den Ausdruck »Störung« – die deutsche Übersetzung des angloamerikanischen Begriffs »disorder«. Überdies gab man die Unterscheidung zwischen Neurose und Psychose auf, um theoretische, sprich vor allem psychoanalytische, Implikationen zu vermeiden. Stattdessen wurden die »*disorders*«, die typischen psychischen Störungen, angeblich atheoretisch, in Wirklichkeit aber verhaltensbiologisch nach der manifesten Hauptthematik oder der deskriptiven Ähnlichkeit zusammengefasst.

Durch die institutionalisierte Zusammenarbeit zwischen den diagnostischen und statistischen Forscherteams der WHO einerseits und der American Psychiatric Association anderseits haben sich die beiden Klassifikationssysteme einander fast bis zur Deckungsgleichheit angenähert. Wer sich für die Vorgeschichte, die gesellschafts- und wissenschaftspolitischen Hintergründe dieser Fusion der Weltgesundheitsorganisation mit einer einflussreichen nationalen medizinischen Fachgesellschaft interessiert, sei auf das Buch »Aimez-vous le DSM? Le triomphe de la psychiatrie américaine« von Stuart Kirk und Herb Kutchins hingewiesen.

Die störungsorientierte, nach dem biochemisch-anatomischen Maschinenmodell verfasste ICD-10 erfährt im deutschsprachigen Raum einen hohen Grad an Akzeptanz in der psychiatrischen Praxis und sickerte ohne wesentliche wissenschaftliche und kritische Auseinandersetzung auch in die hiesige *Psychoanalyse* ein.

Das wirkmächtige, radikal klassifizierende, psychische Verbindungen auflösende System des DSM ist übrigens aus einer kleinen, homogenen, psychiatrischen Arbeitsgruppe in den USA hervorgegangen. Ihre Vertreter apostrophieren sich selbst als »Neo-Kraepelinians«. Diese psychiatrische Schule lehnt insbesondere die psychoanalytische Theorie entschieden und apodiktisch ab.

Die so genannte operationalisierte psychodynamische Diagnostik (OPD) erwähne ich nur beiläufig, weil sie ein Instrument ist, das für die psychodynamische Psychiatrie und die akademische Forschung von Belang ist, für die klinische Psychoanalyse hingegen keine unmittelbare Rolle spielt. Eine gute Übersicht über die operationalisierte psychodynamische Diagnostik, ihre Möglichkeiten und Grenzen, gibt Joachim Küchenhoff.

Betreten wir jetzt linksrheinischen Boden, um die Denkwelt Michel de M'Uzans genauer zu verorten. Ist Nosografie in Frankreich, in der französischsprachigen Psychoanalyse ein gängiges Thema? Ein Blick in das ausgezeichnete Nachschlagewerk »Dictionnaire international de la psychanalyse«, herausgegeben von Alain de Mijolla, führt in der Tat zu einem einschlägigen Artikel über »Nosographie psychanalytique«. »Existe-t-il une nosographie psychanalytique, ..., ainsi réorganisée à partir de la psychanalyse?« fragt einleitend der Autor Augustin Jeanneau. Eine entscheidende Frage! Gibt es eine psychoanalytische Nosologie beziehungsweise könnte die Psychoanalyse ein Fundament für ein nosologisches Gebäude legen?

Die Annahme, dass sich von der Psychoanalyse her eine Nosografie oder Klassifikation ableiten lasse, ist keinesfalls selbstverständlich. Ist die Vermutungswissenschaft des Möglichen, des Unverwechselbaren, des Fremden und des Andern, das heißt die freudsche Psychoanalyse, dazu epistemisch, methodisch und empirisch überhaupt imstande? Widerspricht taxonomische Grundorientierung nicht sogar ihrem Wesen? Besteht die Lebensleistung Sigmund Freuds, zu dessen 150. Geburtstag das heutige Symposium veranstaltet wird, nicht darin, *gegen* totalisierende, kategorisierende Diskurse angeschrieben zu haben, für das Einzelne eingetreten zu sein, die *Objektivierung* der Symptome und des psychischen Leidens untergraben zu haben? Freud mag einige Bezeichnungen zur Nosologie beigesteuert haben. Indes, der nosologische Grundriss einer *Systematik* psychischer Krankheiten verbindet sich mit dem Namen Emil Kraepelins, der ebenfalls 1856 geboren wurde. Kraepelin, eine Größe der Psychiatriegeschichte, ein taxonomischer Meister aus Deutschland, war der Klassifikationsvertreter der Psychiatrie schlechthin. Freuds Psychoanalyse hielt er für »Hirngespinste« (1920).

Von Kraepelin, einem der Wegbereiter der psychiatrischen Nosologie im 20. Jahrhundert, kehre ich zu Jeanneaus Einschätzung einer »betriebseigenen« psychoanalytischen Nosografie im vorhin erwähnten Standardwerk zurück. Die nosografische Reichweite der psychoanalytischen Theorie, nämlich der Metapsychologie, wird zurückhaltend beurteilt: Die Psychoanalyse habe kein nosologisches System aufgebaut. – Zum Glück!, ist man versucht zu ergänzen. Die Psychoanalyse erhellt, meint aber der Autor, das ganze Feld der Psychopathologie und leistet zum Verständnis psychischen Leidens einen schlichtweg unersetzlichen Beitrag. *Dieser Einschätzung schließe ich mich an, weil sie die psychoanalytische Theorie methodisch und empirisch nicht überfordert und ihrer wirklichen Leistungsfähigkeit gerecht wird.*

Michel de M'Uzans psychoanalytischer nosografischer Versuch zielt weit über das bisher Gesagte hinaus. Sein Theorieanspruch hat ein mächtiges Volumen. Das Vertrauen in das robuste Leistungsvermögen der Metapsychologie ist ungebrochen, wie aus dem folgenden Zitat unmissverständlich hervorgeht: »J'envisage ici un effort de classification générale des entités morbides tant psychiques que somatiques.« Eine allgemeine Krankheitseinteilung, die sämtliche psychischen und somatischen Krankheitseinheiten einschließt. Die Bezugnahme auf englischen Physiker Stephen Hawking, der an der Universität von Cambridge ein Lehramt von hohem Prestigewert bekleidet – zu seinen Vorgängern gehörte zum Beispiel Newton –, wird so verständlich. Hawking dient als Gewährsmann für das Ideal verallgemeinernder wissenschaftlicher Theoriebildung. Sein erklärtes Ziel ist die Erschaffung einer Großen Einheitlichen Theorie (Grand Unified Theory) für die Physik, die die Vereinigung von allgemeiner Relativitätstheorie und Quantenmechanik leistet – eine vollständige, einheitliche Theorie »von allem«, »a theory of everything«, wie es Hawking ausdrückt.

De M'Uzan bringt, wenn ich mich nicht täusche, eine »theory of everything« sowohl für psychische Erkrankungen als auch für die uferlose somatische Medizin hervor, mithilfe einer als *Grundlagenwissenschaft* aufgefassten Psychoanalyse.

Kernstück des mentalisierungsorientierten Systems ist die horizontale Achse der ersten Grafik, die »ligne de sens«. Im Gegensatz zu Eike Wolff, dem Übersetzer der französischen Originalfassung von de M'Uzans Beitrag, interpretiere ich sie nicht als »Richtungs-Achse«, sondern als »Sinn-Achse«. Sie hat semantische Funktion und bezieht sich auf die Mentalisierungs- oder Symbolisierungsarbeit; anders gesagt, auf die Generierung psychischen Sinns, auf die erzeugte Dichte des Latenten im Manifesten. Die Achse trennt die sinnleeren – unterhalb der Achse angesiedelt – von den symbolisierten, will heißen den sinn-reichen psychischen Funktionsmodi, die sich oberhalb positionieren. Nochmals: Je weiter oben, umso intensiver und dichter ist also die Mentalisierungsleistung. Unterhalb der x-Achse befinden sich Zustände ohne psychische Darstellung und latenten Sinn.

Die Orientierung an der »ligne de sens« (Grafik 1), hat sich für mich, insofern die Quadranten sich auf *psychisches Material* beziehen, in der klinischen Situation immer wieder als fruchtbar erwiesen, zum Beispiel während eines Erstgesprächs oder einer Supervision.

Die eigentliche Problemzone befindet sich im rechten unteren Quadranten.

Zwar sind es die *Somatosen* – ein Begriff, der laut de M'Uzan vom Psychosomatiker gerne verwendet wird –, die tief in die dunkle Weite des Somas hineinführen. Dunkel für die psychoanalytische Methode, nicht aber für den Verbund von biomedizinischer Grundlagenwissenschaft, angewandter Ingenieurskunst und humanmedizinischer klinischer Forschung. Man denke an eines der ehemaligen psychosomatischen Paradebeispiele, die Ulcuskrankheit, für die 1984 ein australisches Forscherduo eine Infektion mit Helicobacter nachweisen konnte. Dadurch verwandelte sich eine chronische Krankheit mit ernsthaften Komplikationen in ein medizinisch meist einfach zu heilendes Leiden.

Ein Psychoanalytiker hat das Recht, manchmal sprunghaft zu denken. Das habe ich gerade von Michel de M'Uzan gelernt. Ich weiß nicht, warum mir jetzt Winnicott in den Sinn kommt. Winnicott sträubte sich bekanntlich gegen Festlegung und Kategorisierung. Er bemängelte die Festschreibung von Mustern, die »einen Klassifikationsvorgang einleiten, der eigentlich unnatürlich und willkürlich ist, während der wirkliche Gegenstand unserer Betrachtung unendlich vielfältig ist. Ähnlich ist es ja mit der Beschreibung menschlicher Gesichter; wir können sie als bestimmte Form mit Augen, Nase, Mund und Ohren beschreiben, und doch bleibt die Tatsache bestehen, dass zwei Gesichter sich niemals völlig gleichen und nur wenige einander ähnlich sind.« Indes, auch Winnicott hat eine Arbeit über die Klassifikation verfasst – mit einem Fragezeichen im Titel: »Classification: Is there a Psychoanalytic Contribution to Psychiatric Classification?«

Literatur

Herrmann, Jörg Michael; Holzamer-Herrmann, Marianne (2003): ICD-10 und DSM-IV – eine kritische Stellungnahme zum Gebrauch der internationalen Diagnoseschlüssel. In: Uexküll, Th. v. (Hg.): Psychosomatische Medizin. München, Jena, S. 389–395.

Jeanneau, Augustin (2002): Nosographie psychanalytique. In: de Mijolla, A. (Hg.): Dictionnaire internationale de la psychanalyse. Paris (Calmann-Lévy).

Kirk, Stuart, Kutchins Herb (frz. 1998): Aimez-vous le DSM? Le triomphe de la psychiatrie américaine. Paris.

Küchenhoff, Joachim (2006): Braucht die internationale klassifizierende Diagnostik noch die Psychodynamik – und wozu? In: Böker, H. (Hg.): Psychoanalyse und Psychiatrie. Heidelberg (Springer Verlag), S. 206–220.

De M'Uzan, Michel (1994): La bouche de l'Inconscient. Paris (Gallimard).

De M'Uzan, Michel (2005): Aux confins de l'identité. Paris (Gallimard).

Schott, Heinz, Tölle Rainer (2006): Geschichte der Psychiatrie. München (C. H. Beck).

Winnicott, Donald W. (dt. 1985): Klassifikation: Gibt es einen psychoanalytischen Beitrag zur psychiatrischen Klassifikation? In: Reifungsprozesse und fördernde Umwelt. Frankfurt a. M., S. 160–181.

Winnicott, Donald W. (dt. 2002): Vom Spiel zur Kreativität. Stuttgart (Klett-Cotta), S. 8.

Der Begriff der Spaltung –
Freuds zweite Kränkung der Menschheit

Alexander Moser

Dass der Mensch in der Frühzeit seines Lebens eine viel längere Zeitspanne als andere Lebewesen in Abhängigkeit und Hilflosigkeit verbringt, bevor er eigenständig zu überleben vermag, ist allgemein bekannt und wurde insbesondere von Grunberger thematisiert. Die psychischen Bewältigungsmechanismen, die der Mensch entwickelt, um künftig ähnliche Zustände von Hilflosigkeit und Ausgeliefertsein zu vermeiden, beeinflussen wesentlich sein weiteres Leben. Einer der wichtigsten Mechanismen, um sich den unerträglichen Gefühlen von Kleinheit, Schutzlosigkeit und Ausgeliefertsein zu erwehren, besteht in der Kultivierung bewusster und unbewusster Größenfantasien oder in der Anlehnung an grandiose idealisierte Gestalten, Institutionen, Ideologien. Werden sie infrage gestellt, führt dies zu heftigen Reaktionen. Eine der Folgen ist die immer wieder unterschätzte narzisstischen Kränkbarkeit des Menschen, deren Konsequenzen wir auch heute tagtäglich beobachten können. Politik etwa, im Großen wie im Kleinen, welche diesem Umstand nicht Rechnung trägt, bewirkt das Gegenteil von dem, was sie beabsichtigt, und ist zum Scheitern verurteilt.

Dass unsere Welt heute noch weiterbesteht, verdanken wir wohl dem Faktum, dass in der so genannten Kuba-Krise gerade diesem Gesichtspunkt für einmal, knapp vor dem Atomkrieg, die ihm zukommende Bedeutung beigemessen wurde.

Die so genannten großen Kränkungen der Menschheit sind uns allen vertraut. Meistens werden vor allem drei historische Gestalten damit in Verbindung gebracht. Die erste, Galilei, ist gerade uns heutigen Psychoanalytikern ein besonderer Trost, wenn wir im größeren oder kleineren Kreis gezwungen sind, in uns hineinzuknurren: »Und das Unbewusste bewegt sie doch!«

Die zweite Gestalt, Darwin nämlich, ist heute nicht weniger aktuell, wenn man in den USA sogar den Astronomen des Papstes, Pater George Coyne, aufbieten muss, um dem wissenschaftskillenden Anspruch christlicher Fundamentalisten Herr zu werden, die zur Zeit mit über vierzehn Gesetzeseingaben in den Schulen die Evolutionslehre abschaffen und durch ihre religiöse Fantasie des »Intelligent Design« ersetzen wollen.

Und dann natürlich kommt der Dritte im Bunde, Sigmund Freud, der als Erster mit umfangreichen, systematischen, wissenschaftlichen Untersuchungen gezeigt hat, wie wenig der Mensch Herr ist in seinem Haus, weil ihm nur ein kleiner Teil seines psychischen Lebens bewusst zugänglich ist. Wenn wir nun meinen, Freud hätte es der Menschheit ein für alle Mal in nicht mehr zu überbietender Klarheit gezeigt, hat sich gründlich geirrt. Ganz offensichtlich fängt an diesem Punkt jede Generation – und das heißt: jeder einzelne Mensch einer neuen Generation – wiederum beim Nullpunkt an. Jeder Anklang an eine neu drohende Situation von Hilflosigkeit und Abhängigkeit bringt in uns das Riesenreservoir von bis in die frühe Kindheit zurückliegenden, ähnlich unangenehmen Situationen wie ein Heer von Resonanzkästen zum Klingen, sodass eine Kakophonie droht, der der Betreffende sich nur durch seine eingeschliffenen psychischen Mechanismen entziehen kann; zum Beispiel durch Flucht in die erwähnten Größenfantasien – um den Preis, die bewusste Einsicht in die aktuelle eigene Beschränktheit erneut zu verpassen.

So benutzt jede Generation als Widerstand gegen die unerträgliche freudsche Kränkung, nicht wirklich Herr im eigenen Haus zu sein, die jeweils aktuell soziokulturell bereitliegenden Möglichkeiten. Heute sind dies beispielsweise der Kult des Bewusstseins und, nach dem Jahrzehnt des Gehirns, die altbekannte Hirnmythologie in neuen Formen; die generelle, maßlose Überschätzung von Messbarkeit, Berechenbarkeit und Kontrollierbarkeit; das Desinteresse an oder gar die Feindseligkeit gegenüber symbolischen Bedeutungen und verborgenem Sinn und damit die katastrophale Unterbewertung sprachlicher Kultur; die Überbewertung eines Trends zur Abkürzung, welche die Komplexität unterwandert; irrationaler Esoterismus oder fanatische Religiosität; Idealisierung von Empathielosigkeit, Egoismus und Härte; Verallgemeinerung obsoleter Formen des technischen Fortschrittsglaubens; simplifizierte Verabsolutierung und Idealisierung ökonomischer Faktoren und deren angebliche Gesetzmäßigkeiten usw.

Heute kommen die neuesten neurobiologischen Forschungen den Psychoanalytikern zu Hilfe, weil sie wichtige freudsche Grundannahmen bestätigen. Was die Rolle unbewusster Faktoren anbelangt, ist in der Vergangenheit immer wieder die Frage nach dem quantitativen Verhältnis bewusster und unbewusster Vorgänge im Gehirn gestellt worden. Neurobiologen etwa sprechen heute von einem Verhältnis von 10 zu 1 von unbewussten zu bewussten Vorgängen und stellen gar die alte Frage nach der Willensfreiheit. So muss man sich fragen, wie lange Forscher, Therapeuten und neuerdings auch Gesundheitspolitiker es sich im 21. Jahrhundert noch leisten können, unbewusste Vorgänge weiterhin als Inhalte einer vernachlässigenswerten Blackbox zu behandeln und einen solchen Standpunkt als modernste Wissenschaft auszugeben.

Nachdem nun dargelegt ist, wie schwer es die Menschheit mit der Rezeption der zentralen freudschen Botschaft über das Unbewusste hat, muss in Erinnerung gerufen werden, dass das freudsche Werk eigentlich noch eine zweite ähnliche Kränkung beherbergt, die bisher weniger Aufmerksamkeit gefunden hat, aber in den letzten Jahren vor allem mit den neueren Forschungen über Borderline-Persönlichkeitsstörungen klarer zu Tage getreten ist. Freud hat nämlich nicht nur gezeigt, dass der Mensch wegen der Existenz unbewusster Vorgänge nicht Herr in seinem ganzen Haus ist und die Unterwelt seiner Kontrolle entzogen ist. Nein, er hat auch gezeigt, dass der Mensch nicht einmal im bewussten Teil seines Hauses so viel Übersicht und Kontrolle besitzt, wie er fälschlicherweise meint – dann nämlich, wenn es zu einem Phänomen kommt, das Freud »Ichspaltung« genannt hat.

Hier wäre es interessant, ein historisches Kapitel einzuschalten und Freuds Gebrauch des Begriffs der Spaltung im Laufe der Jahre zu untersuchen und dann das Schicksal dieses Begriffs bei seinen Nachfolgern, insbesondere auch bei Melanie Klein, darzustellen. Der hier zur Verfügung stehende Raum soll aber ausschließlich dazu verwendet werden, aktuellen Bezügen zu soziokulturellen Erscheinungen nachzugehen, welche mit dem Phänomen der freudschen Ich-Spaltung einhergehen.

Zuerst soll eine nähere Bestimmung dieses Begriffs erfolgen. Freud beschreibt die Ich-Spaltung als eine zweifache, gegensätzliche Haltung gegenüber einem Objekt respektive gegenüber der inneren Vorstellung eines Objekts. Bei dieser Abwehr wird also die Haltung gegenüber einer inneren Vorstellung verändert, nicht die Vorstellung selbst. Einmal wird die Realität eines Objekts anerkannt, aber gleichzeitig wird diese Realität auch verleugnet. Die beiden gegensätzlichen Haltungen, Anerkennung der Wahrnehmung und deren gleichzeitige Verleugnung, werden im Bewusstsein nicht vereinheitlicht, eine gegenseitige Beeinflussung bleibt aus. Es handelt sich also um eine fehlende Integration im Bewusstsein. Das Ich selbst wird nicht wirklich gespalten, sondern nur die Haltung gegenüber dem Objekt respektive der Vorstellung von diesem Objekt. Eine ähnliche gegensätzliche Haltung beschreibt Freud zum Beispiel beim Aberglauben. Vom Rattenmann meint Freud, er sei gleichzeitig sowohl abergläubisch als auch nicht abergläubisch gewesen.

Von Niels Bohr, dem Vater unseres Atommodells, existiert eine kleine Anekdote, die dieses Phänomen treffend illustriert. Heisenberg, der Atomforscher, besucht Niels Bohr in seinem Wochenendhaus und entdeckt über der Eingangstüre ein Hufeisen. »Aber Niels«, sagt er, »du bist doch jetzt nicht plötzlich abergläubisch geworden?« – »Ach, keine Spur«, sagt Niels Bohr, »ich bin natürlich nicht abergläubisch, aber weißt du, es ist mir einfach wohler, wenn das Eisen dort hängt.«

Das Phänomen der von ihm so genannten Ich-Spaltung wurde von Freud besonders beim Fetischismus dargestellt – einem sehr komplexen Kapitel der Psychoanalyse. Hier interessiert uns nur der eine Aspekt, nämlich dass im Kindesalter die Geschlechterdifferenz zwar einerseits wahrgenommen wird, dass diese Wahrnehmung aber gleichzeitig auch verleugnet wird und die Vorstellung penistragender Frauen aufrechterhalten und nicht mehr korrigiert wird. Wichtig ist also, dass im Bewusstsein zwei logisch nicht vereinbare Vorstellungen von der Wirklichkeit existieren – eine, die der üblichen Wahrnehmung entspricht, und eine, die diese Wahrnehmung verleugnet.

Wie spektakulär sich derartige Spaltungen in der Alltagswelt auswirken können, möchte ich anhand zweier aktueller politischer Beispiele andeuten.

Noch vor Beginn des Irak-Kriegs gewährte Saddam Hussein einem Reporter eines seiner seltenen Fernsehinterviews. Auch der Giftgaskrieg von Saddam Hussein kam zur Sprache. Saddam Hussein stritt die Existenz eines derartigen Kriegs sofort mit absoluter Selbstverständlichkeit und überzeugendem Affekt ab. Wenig später kam das Gespräch wiederum auf dasselbe Thema und Saddam Hussein rechtfertigte ebendiesen Krieg, ohne zu zögern und ohne im Geringsten darauf Bezug zu nehmen, dass er soeben das Gegenteil behauptet hatte. Ich würde vermuten und halte es für wahrscheinlich, dass es sich hier um eine Ich-Spaltung gehandelt hat, die für einen Gesprächspartner außerordentlich verwirrend ist, weil ohne entsprechende psychologische Kenntnisse ein derartiger logischer Widerspruch im Bewusstsein eines intelligenten Gegenübers einfach außerhalb der Vorstellungsmöglichkeit liegt.

Ähnlich muss es wohl Lord Owen gegangen sein, als er erst nach mehrmonatigen Verhandlungen mit Milosevic feststellte, mit solchen Lügnern könne man einfach nicht verhandeln. Bei einer vorhergehenden psychologischen Beurteilung von Milosevic unter Berücksichtigung des Phänomens der Ich-Spaltung und der Borderline-Persönlichkeitsstruktur wäre diese Überraschung wahrscheinlich ausgeblieben – und vielleicht hätte man dann auch anders verhandelt.

In Therapien, möchte ich beifügen, ist die Aufhebung solcher Ich-Spaltungen außerordentlich schwierig und zeitraubend. Die schlichte Konfrontation mit dem logischen Gegensatz bringt vorerst über lange Zeit lediglich narzisstische Kränkung, entsprechende Wut, totale Verleugnung oder vorwurfsvolle, paranoide Projektion des Problems auf den Konfrontator, aber keine Spur von Einsicht. Zusätzlich muss man sagen, dass diese Form der Spaltung grundsätzlich bei allen Menschen vorkommen kann, wie wir es, wie oben erwähnt, bei vielen Formen des Aberglaubens kennen.

Solche Spaltungen von Haltungen im Bewusstsein kommen aber bei jenen Personen stark gehäuft vor, welche Fixierungen auf frühere, kindliche Stufen der psychosexuellen Entwicklung aufweisen. Im psychoanalytischen Sprachgebrauch, der weiter gefasst ist als etwa der psychiatrische oder derjenige der Alltagssprache, entspricht das einer perversen Fixierung. Derartige frühe Fixierungen sind häufig und müssen sich nicht spektakulär in der Lebensführung äußern.

Um nun besprechen zu können, wie sich gehäufte Ich-Spaltungen dieser Art im Alltag auswirken können, muss ich mit zwei kleinen klinischen Vignetten vorerst die Begriffe der langen, normalen psychosexuellen Entwicklung und der verführerisch abgekürzten Entwicklung andeuten.

Ein Kollege, der eine vierjährige, aufgeweckte Tochter hat, die schon etwas zählen und rechnen kann, berichtet, dass ihm das kleine Mädchen eines Tages sagt: »Lieber Vater, ich habe dich so lieb, ich möchte dich heiraten.« Der Vater antwortet: »Das ist schön, dass du mich so lieb hast, aber weißt du, ich bin schon mit deiner Mutter verheiratet und man kann nur mit einer Frau verheiratet sein. Und stell dir vor, wenn wir als Vater und Mutter auf der Strasse spazieren würden, und ich bin so groß und du bist noch so klein, das passt doch einfach nicht zusammen. Du musst jetzt wachsen und wachsen und wachsen, und wenn du so groß bist wie deine Mutter oder vielleicht sogar noch ein bisschen größer, dann kannst du jemanden heiraten, der jetzt auch noch so klein ist wie du und vielleicht mit dir in den Kindergarten geht.« Die kleine Tochter sieht den Vater mit langem Gesicht an, eine Träne rinnt ihr über die Wange, und sie sagt: »Aber weißt du, das geht noch sooo lange.« Und der Vater antwortet: »Ja, da hast du Recht, das geht noch sooo lange.« Am andern Tag sitzt die Kleine in einer Zimmerecke und zählt ganz ungewöhnlich langsam immer bis auf 17 und fängt dann wieder von vorne an. Der Vater fragt: »Was ist denn mit 17, du hörst dort auf zu zählen?« Die Kleine schaut ihn strahlend an und sagt: »Weißt Du, mit 17 habe ich dann auch so schöne runde Dinger hier und hier wie meine Mama, und dann werde ich heiraten.« Zwei Tage später sagt sie dem Vater in einem selbstverständlich-nebensächlichem Ton: »Weißt Du, ich habe jetzt einen Freund im Kindergarten, vielleicht werden wir später einmal heiraten.«

Man kann hier erahnen, wie der Wunsch, so zu werden wie der gleichgeschlechtliche Elternteil, als psychischer Motor der Entwicklung wirkt, aber auch wie schwer die Rivalität mit dem gleichgeschlechtlichen Elternteil und das teilweise unvermeidliche Ausgeschlossensein aus der Beziehung der Eltern zu ertragen ist. Wie schwer wiegend Fehlentwicklungen in dieser Hinsicht sind, wissen wir aus Analysen, wenn die Analysanden endlos Situationen schildern, in denen sie sich *draußen vor der Tür* von den intensivsten und aufregendsten Teilen des Lebens für immer ausgeschlossen fühlen. Die Schuld dafür geben sie sich – wegen ihrer fantasierten Unvollkommenheit und Defekthaftigkeit – selbst, obwohl dieses Ausgeschlossensein in der Realität letztlich im Generationenunterschied, in dessen anatomischen Konsequenzen und im Inzesttabu wurzelt.

Der Wunsch, die jahrelange Situation des Wartens und Wachsens mit all ihren Unannehmlichkeiten und fantasierten Gefahren mit einem alchimistischen Zauber auf einen Schlag abzukürzen, die Realität mit einem Trick zu umgehen und so mit einem Schlag aus der ewigen »Nummer-zwei-Situation« in die Position der Nummer eins, nämlich des gegengeschlechtlichen erwachsenen Elternteils, zu gelangen, entspricht einer Ursehnsucht der Menschen. Sie hat ihre Wurzeln u. a. auch in unendlich vielen unangenehmen Situationen des Wartens und des Ausgeschlossenseins während der ganzen Wachstumsperiode – Erlebnisse, die tief verdrängt werden und nur in Reinszenierungen im Erwachsenenleben zum Vorschein kommen oder nach langer analytischer Arbeit wieder bewusst werden. Sehr viel von der geradezu irrationalen Faszination, die Versprechungen auf uns ausüben, die mit den Worten einfacher, schneller, kürzer, besser, stärker, neuer angepriesen werden, stammt exakt aus dieser Quelle.

Das Beispiel zeigt auch, wie die Grenzsetzung durch das Gesetz und die Realitätskonfrontation mit dem Generationenunterschied das Denken stimulieren, das Konzept der Dimension der Zeit unterstützen, ebenso wie die Fähigkeit, Wunschbefriedigung aufschieben zu können und zum Wechsel des Wunschobjekts beitragen. Wenn in einer Entwicklung dies alles nicht eintritt und eine unbewusste Fixierung auf den Elternteil als primäres Wunschobjekt unverändert bestehen bleibt, kommt es zu einer durch unbewusste Konflikte beeinträchtigten, also neurotischen Entwicklung.

Nun zur zweiten Vignette, welche die abgekürzte Entwicklung illustrieren soll: Eine Analysandin einer Kollegin in den USA hatte sich als Deckerinnerung – eine Erinnerung also, in der sich eine komplexe Entwicklung verdichtet – die Erinnerung an ihren vierten Geburtstag mit allen Details bewahrt. Bei diesem Geburtstag soll ihr die Mutter gesagt haben: »Weißt du, ich habe halt *kleine* Mädchen gerne«; worauf sie meint, quasi bewusst beschlossen zu haben – um die Vorzugsstellung bei der Mutter definitiv abzusichern –, den Entwicklungszustand des kleinen Mädchens niemals zu verlassen. Das war in der Tat – im völligen Gegensatz zur fulminanten intellektuellen Entwicklung – auf psychosexuellem Gebiet auch noch mit 35 Jahren der Fall und widerspiegelte sich auch im äußeren Körperbild.

Der psychische Motor, den langen Entwicklungsweg zu beschreiten, wurde also bei diesem zweiten Mädchen sozusagen vorzeitig abgewürgt. Mit vier Jahren war im subjektiven Erleben des Mädchens das Ziel, Nummer eins in der Beziehung zum bevorzugten Elternteil zu werden, nämlich schon erreicht. Die Zukunft konnte also höchstens eine Verschlechterung, aber keine Verbesserung mehr bringen. Variationen dieser psychischen Konstellation haben Carlos Saura im Film »Zärtliche Stunden der Vergangenheit« und Visconti in »Die Verdammten« unübertrefflich dargestellt.

Auf Grund der heterosexuellen Anziehung zwischen Mutter und Sohn sind derartige Fixierungen auf einer frühen Stufe der psychosexuellen Entwicklung häufiger bei Knaben anzutreffen und psychoanalytisch gesehen perverse Konstellationen deshalb häufiger bei Männern. Deshalb soll hier die Entwicklung beim Knaben mit frühen Fixierungen noch etwas genauer geschildert werden. Dabei soll gleichzeitig zusätzlich zum bisher Gesagten ein weiterer Begriff berücksichtigt werden, derjenige der Gegenidentifizierung, der besonders von Grunberger untersucht worden ist.

Auf Grund verschiedenster Konstellationen in den ersten Lebensjahren kann ein kleiner Knabe die Fantasievorstellung bewusst und unbewusst verfestigen, er sei mit seinem infantilen, früh fixierten psychosexuellen Entwicklungsstand der perfekte Partner für seine Mutter; seinem Vater fühlt er sich in selbstverständlicher Weise überlegen. Maßgebend ist für eine derartige Entwicklung, dass ein Hindernis bestanden hat, die Vorstellung, wie er selbst idealerweise werden möchte, auf den Vater projizieren zu können, den Wunsch entwickeln zu können, so zu werden wie er. Wenn dies nicht möglich ist, erfolgt eine Idealisierung der frühen infantilen Triebwünsche, die als gleichwertig oder als den erwachsenen überlegen angesehen werden; der kleine Mann fühlt sich also bewusst als ebenbürtiger Partner seiner Mutter.

Die Aufrechterhaltung dieser Illusion, ein ebenbürtiger Vorzugspartner der Mutter zu sein, geht aber mit der typischen *Ich-Spaltung* einher. Das klare Bewusstsein dafür (und nicht allein unbewusste Vorstellungen davon), dass die reale Potenz nicht beim kleinen Hosenscheißer, sondern beim Vater liegt, geht nie verloren. Die Idealisierung der hochstaplerischen, falschen Fassade des kleinen Mann-Vaters muss deshalb zwanghaft wiederholt und aufrechterhalten werden, mit der nicht ausrottbaren Angst, dass die wirklichen Verhältnisse doch noch zu Tage treten werden. Das Selbstbild ist also zweischichtig: die nach außen gerichtete Oberfläche ist hochstaplerisch, quasi golden idealisiert; sie camoufliert die gegenteilige innere Vorstellung eines darunter liegenden Nichts oder eines Haufens Dreck. Die beiden inneren Vorstellungen von sich selbst sind bewusst, aber voneinander abgespalten, sie beeinflussen sich gegenseitig nicht, eine Vereinigung im Bewusstsein findet nicht statt, es gibt keine kompromisshafte mittlere, realistische Einschätzung von sich selbst, sondern nur gegensätzliche Extreme, es gibt keine Grautöne, nur schwarz und weiß oder eben Gold einerseits und Scheiße anderseits.

In vielen Fällen wird diese Position noch petrifiziert mit der erwähnten Gegenidentifizierung zur Vaterfigur, was sich am deutlichsten in einer verlängerten Adoleszenz zeigt, die in dieser Hinsicht gelegentlich bis ins hohe Alter andauern kann, bei so genannten ewigen Adoleszenten. Der Wunsch, dem gleichgeschlechtlichen Elternteil gleich und schließlich überlegen zu werden, seinen Platz einzunehmen, wird ersetzt durch den Wunsch, *unter gar keinen Umständen so zu werden wie der Vater*. Ein pathognomonisches Symptom für eine derartige psychische Konstellation ist ein nicht auszurottender, geradezu süchtig anmutender Hang zu Hohn, Sarkasmus und Spott über alles, was in irgendeiner Form echte väterliche Potenz symbolisiert – so zum Beispiel der Staat, die obersten Politiker eines Landes, die so genannte Classe politique, das oberste Gericht usw.

Aber die inneren Zweifel an der eigenen, letztlich aufgeblasenen Potenz lassen sich mit immer neuen äußeren Erfolgen, die je nach Begabung ganz außerordentlich und verführerisch sein können, nicht besänftigen, nicht einmal mit endlos gesteigerten Riesensalären und Vermögen. Einer meiner ersten Patienten, der sozial außerordentlich erfolgreich war und damals ein protziges Amerikanerauto fuhr, schilderte sich in Bezug auf sein Selbstbild als »Däumling auf dem Boden eines Riesenschranks«. Vom Gründer der Migros hingegen, Gottlieb Duttweiler, erzählt man sich, er habe einen winzigen Toppolino gefahren und auf die Frage, wieso er nicht einen Cadillac besitze, geantwortet: »Brauche ich nicht, bin selbst einer.«

Der Beschwichtigung unaustilgbarer Zweifel an im Bewusstsein abgespaltenen Vorstellungen einer lediglich hochstaplerischen Potenz dienen öfters Gruppen- oder Massenerlebnisse, in denen eine idealisierte Führerfigur die Rolle der Imago der *verführerischen Mutter* übernimmt, welche den Weg zur Erfüllung aller Wünsche verspricht; und zwar auf dem abgekürzten Pfad des Lustprinzips, hier und jetzt und sofort, ohne zusätzliche Reifungs- und Identifizierungsprozesse; vor allem auch ohne den schmerzlichen Prozess der Trauer, der allein einen definitiven Verzicht auf die unrealistische Erfüllung narzisstisch-grandioser Ideale ermöglichen würde.

Die Hauptgefahr all dieser idealisierenden Bewegungen besteht darin, dass die wirklich potenten Repräsentanten der komplexen Realität als »Nichtmitspielende«, »Spielverderber«, Nichtgleiche, Fremde, Bedroher der Illusion und daher als Ketzer oder Teufel, einzeln oder massenweise, psychisch oder physisch, je nach Machtverhältnissen, marginalisiert und letztlich eliminiert werden.

Es stellt sich die Frage, was für Faktoren eine derartige Entwicklung begünstigen.

Ein wichtiger Umstand unter anderen besteht darin, dass sich unsere »vaterlose Gesellschaft«, wie sie Alexander Mitscherlich genannt hat, schlecht für die Bedürfnisse der frühen Triangulierung – das heißt der Entwicklung aus der Zweierbeziehung des Säuglings mit der Mutter zur Dreier- und Mehrfachbeziehung – eignet. Die Folge ist eine intensive, äußerst ambivalente Abhängigkeit von einem unbewussten sadistischen Mutterbild, das mit der realen Mutter kaum etwas Gemeinsames hat, aber in diesen Fantasien die Autonomie untergräbt, die Identifizierungen mit dem abgewerteten Vaterbild erschwert und jederzeit auf Repräsentanten irgendeiner Form von Autorität projiziert werden kann. Gegnerische Personen, Institutionen,

Ideologien, Gesellschaftssysteme usw. werden dann projektiv mit den Charakteristika dieses bedrohlichen Mutterzerrbildes versehen. Heute werden andere, Fremde, und nach alter schrecklicher Gewohnheit wiederum Juden besonders für diese Rolle ausgewählt. In der Auseinandersetzung mit einem solchen Phantom gibt es nur noch ein Oben und ein Unten, ein Alles oder Nichts, einen Allmächtigen und einen Ohnmächtigen, einen Überlebenden und einen völlig Zerstörten. Gerade dies ist die zentrale, sadomasochistische Optik aller Fanatiker.

Die fantastischen Vorstellungen der Verführten verschwinden manchmal blitzartig, oft aber auch nur sehr zäh, wenn eine dritte Macht mit Gewalt die Realität wieder einsetzt.

Die Frage, wie es möglich ist, dass so viele Menschen sich von Versprechungen und Ideologien verführen lassen, obwohl sie gleichzeitig imstande sind, sich im Alltag durchaus vernünftig und logisch zu verhalten, versetzt mich zurück in die Zeit meiner ersten unbeholfenen und naiven Versuche, unfassbar verrücktes Verhalten von Menschen zu verstehen. Fünfzehnjährig stolperte ich in einem verstaubten Estrich von Bekannten über ein vergilbtes Exemplar von Adolf Hitlers »Mein Kampf«. Die Lektüre stürzte mich in wachsendes Erstaunen und Unbehagen, nicht allein wegen des Unsinns und der offensichtlichen Verrücktheiten, die da zu lesen waren, sondern weil es mir in keiner Weise gelingen wollte, einen Grund für die Faszination zu finden, die ganz offensichtlich von diesem Buch ausgegangen war. Wo waren meine eigene Beschränktheit, mein blinder Fleck, mein Brett vor dem Kopf? Was war denn da das Spezifikum der Faszination?

Da ich in Bibliotheken zu dieser Frage keine befriedigenden Kommentare fand, wandte ich mich dem nächsten Unhold der Geschichte zu, das war Stalin. Weiter ging es mit Lenin und Mao Tse Tung. Anstatt dass ich in dem spezifischen Punkt klüger geworden wäre, wurde ich das Gefühl nicht los, überall in diesen so weit verbreiteten Schriften mit unterschiedlichem intellektuellem Niveau einer ähnlichen Grundkonfiguration zu begegnen, ohne dass ich sie genauer hätte benennen können. Heute würde ich das, was mich als Frage so beschäftigt hat und was ich damals nicht wahrzunehmen vermochte, die alltagslogisch unerklärbare Faszination durch das »Falsche« nennen. Dass gerade eine bestimmte Art von Falschheit eine ganz besondere, irrationale Faszination auszuüben vermag, lag damals völlig außerhalb meines Vorstellungsvermögens.

Aber Andersen hat dieses Problem in seinem Märchen »Die Nachtigall des Kaisers von China«, vielleicht einem der wichtigsten Märchen für unsere Zeit, eindrücklich dargestellt. Janine Chasseguet-Smirgel hat in ihrer Untersuchung dieses Märchens die Aspekte der Faszination durch das Falsche, Künstliche, rasch Fabrizierte, die Faszination des kurzen Entwicklungsweges im Gegensatz zum langen Weg der Entwicklung, unübertrefflich dargestellt.

Die große soziokulturelle Bedeutung, welche dieses Phänomen gerade in unserer Zeit besitzt, wurde in den Achtzigerjahren auch von Umberto Eco, dem Bologneser Semiologen, den viele vor allem von seinem Bestseller »Der Name der Rose« her kennen, ohne Bezugnahme auf die Psychoanalyse dargestellt. In seinem Essay »Reise ins Reich der Hyperrealität« berichtet er, scharf beobachtend, ironisch und sarkastisch über Amerika und insbesondere Kalifornien.

Sein auf den ersten Blick überraschender Ausgangspunkt ist eines der damals neusten Wunder der Lasertechnik, das *Hologramm*, dessen größtes Exemplar vor dem Museum der Hexerei in San Francisco stand und das den Teufel mit einer betörenden Hexe darstellte. Es handelte sich also um eine Art virtuelles Objekt in drei Dimensionen, das sogar auch da existierte, wo es vorerst nicht zu sehen war, aber gesehen werden konnte, sobald man sich etwas bewegte – das heißt, es handelte sich um eine Übersteigerung des früheren, nach fotografischer Wiedergabe strebenden Hyperrealismus. Eco behauptet nun, dass nur in einem Land, in dem um jeden Preis das Ikonografische, das Anschauliche, das täuschend echt Wirkende gesucht wird, die Holografie eine derart rasante Verbreitung finden konnte.

Damals konnte er nicht ahnen, dass die virtuelle Welt der Computertechnik alles, was er übers Hologramm beschrieb, bis ins Unglaubliche steigern würde. Aber gerade diese Entwicklung macht seine Beobachtungen und Überlegungen auch heute noch so hochaktuell.

Er geht mit detektivischer Akribie und dem geschulten Auge des Semiologen bestimmten Mustern und Zeichen vor allem in der kalifornischen Gesellschaft nach, die geradezu nahtlos in die hier vorgetragenen psychoanalytischen Konzepte passen, ohne dass er die Psychoanalyse auch nur einmal erwähnt. Er beschäftigt sich u.a. mit Museen, mit den zahlreichen Wachsfigurenkabinetten, mit künstlichen Städten und Dörfern, mit Tier- und Naturparks, mit Disneyland und Hollywood. Das Phantom, das er verfolgt, heißt »*the real thing*«. »The real thing« ist die hyperbolische Formel der Coca-Cola Reklame. Vielleicht könnte man Coca-Cola das künstlichste aller Getränke dieser Welt nennen. Seine alchimistische Zusammensetzung wird erfolgreich geheim gehalten. »The real thing« heißt nun aber so viel wie *das Echte*, heißt aber auch das Höchste, das Beste, das Nonplusultra.

Die zweite Zauberformel, der er nachspürt, heißt »*more*« und »*more and more*«, eine der häufigsten Vokabeln nicht nur des amerikanischen Alltags, ganz besonders natürlich in der Reklame. Er sucht nach Fällen, in denen die Einbildungskraft das Wahre und Echte haben will und, um es zu bekommen, das absolut Falsche erzeugen muss; Fälle also, in denen das ganz Wahre identisch wird mit dem ganz Falschen – und dies ist nach ihm, dem Semiologen, vor allem dort der Fall, wo das Zeichen die Sache selber sein will, wo die Differenz der Verweisung aufgehoben wird; aufgehoben durch den Mechanismus der Substitution: Das Zeichen ist nicht mehr Abbild der Sache, es ist ein Duplikat, eine perfekte Imitation, eine Fälschung. Was Eco nicht erwähnt – aber Psychoanalytiker wissen es –, ist die Tatsache, dass ein psychischer Zustand, in dem die Differenz zwischen einem Symbol und dem Symbolisierten total aufgehoben ist, einer Psychose entspricht. Dies ist bei den von Eco beschriebenen Phänomenen nicht der Fall, weil eine perfekte freudsche Ich-Spaltung vorliegt. Die Betreffenden wissen bewusst ganz genau, trotz aller Begeisterung fürs Hyperreale, dass die eigentliche, gewachsene Realität die echte Realität ist.

Als Beispiel für perfekte Imitation berichtet Eco etwa von den sieben dreidimensionalen Wachsfigurennachbildungen des Abendmahls von Leonardo, die er zwischen San Francisco und Los Angeles gefunden hat; und der wächsernen Venus von Milo – mit Armen –, von der geschrieben steht, man hätte sie so zum Leben erweckt, wie sie einst war, als sie 200 Jahre vor Christus für den unbekannten Künstler Modell gestanden hatte. Er entdeckt die Industrie der Ikonizität auch in einigen Museen, in denen im Bestreben, Geschichte nachzubilden, Fälschungen und Fälschungen von Fälschungen in nahtlosem Übergang zu Echtem sich finden. Eine Apotheose dieses Genres sieht er in Hearst Castle, wo Orson Wells seinen »Citizan Cane« gedreht hat. »More and more« steht für ihn als Leitspruch über diesem zusammengestoppelten gigantischen Bastelbau aus echten aus Europa transportierten Stückwerken von Schlössern, Abteien und Klöstern, die ein *Amalgam* aus Echtem und Falschem bilden – ein Amalgam, das hyperreal Geschichte imitiert, nivelliert und rekonstruiert.

Eine ähnliche Tendenz sieht er am Werk in den künstlichen Städten; in den »ghost towns«, die vergangene Städte rekonstruieren und imitieren, besonders aber in denjenigen, die aus dem reinen Willen zur Imitation entstanden sind.

Ein anderes »real thing« sind bestimmte Naturparks, in denen etwa auf beschränktem Raum so viel echtes Afrika versammelt ist, wie man es in Afrika so konzentriert nirgendwo wird finden können, sodass dieses Stück Afrika eben eigentlich echter ist als Afrika. Es handelt sich um eine Natur, die sich in der Künstlichkeit annulliert, um gerade dadurch als echte Natur zu erscheinen.

In Disneyland sieht Eco eine Art »superreal thing«, weil es hier gelungen sei, sowohl vollkommen realistisch als auch zugleich vollkommen fantastisch zu wirken. Man bewundert nicht nur die Perfektion der Fälschung, es wird nicht nur eine Illusion produziert, sondern es wird, ohne es zu verstecken, der Wunsch nach Illusionen geweckt. Wie auf industrialisierte Art und Weise Wünsche nach Illusionen geweckt und aufrechterhalten werden, mit einer ganzen Stadt als künstlicher Fata Morgana, mitten in der Wüste, hätte Eco vielleicht anhand von Las Vegas untersuchen können.

Disneyland sagt uns nach Eco, dass die gefälschte Natur viel besser unseren Wachtraumwünschen entspricht als die echte, dass die Technik mehr Wirklichkeit geben kann als die Natur. In Disneyland, in dem es keine leeren Flächen gibt, zeigt sich einmal mehr, dass die Lust an der Imitation eine der am tiefsten im menschlichen Geist verwurzelten Regungen ist. Hier, sagt Eco, genießt man nicht nur die perfekte Imitation. Man genießt auch die Überzeugung, dass die Imitation ihren höchsten Gipfel erreicht hat und dass ihr, der Imitation, die Realität von nun an stets unterlegen sein wird.

Gegenstand der hyperrealen, industrialisierten Reproduktion, meint Eco, sind also die Kunst, die Geschichte und letztlich die Natur und selbst der Mensch als perfekter Roboter inmitten von Imitationen seiner angestammten Landschaft. Wenn also das Gute und Schöne, die Kunst, das Märchen und die Geschichte nicht Fleisch werden können, sollen sie zu Plastik werden; welches, würde ich anfügen, in dieser Optik als Fabrikat dem gewachsenen Fleisch ohnehin weit überlegen ist.

Ganz in diesem Sinne hat der frühere Chefredaktor der Kulturmonatszeitschrift »Du«, Dieter Bachman, einen Vorschlag zur 700-Jahrfeier der Schweizerischen Eidgenossenschaft publiziert: »Das Großgrundstück Schweiz wird zur reinen Dienstleistungszone erklärt. Und darüber bauen wir eine neue Schweiz – auf Stelzen. Eine Betonplatte überdeckt Berg und Tal, Wohnzonen und Industrie, Kraftwerke und Strassen. Künstliche Beleuchtung, besser als Sonnenlicht. Die Betonplatte darüber wird begrünt, bewäldert, bestromt und bedacht. Was der Modellbähnler kann, kann auch die Nation.

Vom Rütli sieht man über das verschwundene Luzern hinweg zum Jura, eine kompakte Waldlandschaft. Kühe weiden. Der Fahnenschwinger schwingt im glitzernden Morgenlicht. Abends Alpsegen. Da und dort führen Rolltreppen in die neue Schweiz hinauf, die wieder die alte Schweiz ist – eine echt schweizerische Idee, eine Alibi-Schweiz.«

Ein Grundproblem der heutigen Welt besteht darin, dass die Qualität und Quantität der äußeren Gefahren sich immer mehr den regressivsten inneren Angstvorstellungen annähern. Dadurch werden Projektionstendenzen verstärkt und die Realitätskontrolle wird erschwert. Wenn nun diejenigen Aspekte des Selbstbildes, die dem Bild der falschen, hochstaplerischen Potenz entsprechen, nach außen projiziert werden, auf das Bild der äußeren Realität, ergibt sich ein Drang und Zwang, die Oberfläche dieser Realität in Richtung einer endlosen, opulenten, kunstvollen Bastelei, die nie realistisch genug sein kann, umzugestalten und zu verfestigen. Dabei wird das, was einerseits als wertlos, falsch und künstlich erlebt wird, andererseits aber gerade als das Überlegene, einzig Echte idealisiert wird, in einem nicht endenden Wiederholungszwang in fabrizierte Wirklichkeit umgegossen. Die psychoanalytisch gesehen kindliche Produktefabrikation wird als der langsam gewachsenen Schöpfung überlegen dargestellt. Anstatt das ungenügende und gleichzeitig grandiose Selbstbild zu bearbeiten, wird die äußere Welt projektiv umgestaltet und zunehmend mit dem hyperrealen Produkt, dem opulenten »real thing«, überzogen – unsere heutige Welt wird zum Fetisch.

Im Verlaufe der letzten hundert Jahre ist die Frage immer wieder gestellt worden, ob die Psychoanalyse überleben werde. Die Frage ist fundamental falsch gestellt. Sie sollte vielmehr lauten: Hat die Welt von heute eine Überlebenschance, wenn die erste und die zweite freudsche Kränkung der Menschheit nicht ins aktuelle Menschenbild eingebaut werden?

Literatur

Andersen, Hans Christian (1981): Märchen. Frankfurt/Main.
Chasseguet-Smirgel, Janine (1971): Pour une psychanalyse de l'art et de la créativité. Paris (PUF).
Chasseguet-Smirgel, Janine (1988): Zwei Bäume im Garten. München, Wien (Verlag Internationale Psychoanalyse).
Eco, Umberto (1985): Reise ins Reich der Hyperrealität. In: Über Gott und die Welt. München, Wien.

Freud, Sigmund (1940–1952): G.W. XVII, S. 133–135. Frankfurt a. M. (S. Fischer Verlag).
Grunberger, Bela (1971): Le narcissisme. Paris. (PUF). Dt. Vom Narzissmus zum Objekt. Frankfurt a. M. (Suhrkamp).

Kränken und Erkranken – weitere Überlegungen zum Begriff der Spaltung

Eva Schmid-Gloor

Alex Moser führt in seinem Beitrag »Der Begriff der Spaltung – Freuds zweite Kränkung der Menschheit« bildhaft und eindrücklich aus, wie unsere Kulturepoche mit dem Erleben von Kränkung umgeht: Wir leben in einer Zeit, in welcher Gefühle im Zusammenhang mit narzisstischen Kränkungen um jeden Preis vermieden werden. Sie werden verdrängt und mittels Spaltungsprozessen abgewehrt.

Der aktuelle Zeitgeist stellt mentale Strukturen bereit, welche der Integration von Kränkungserlebnissen entgegenwirken. Es dominiert eine Tendenz zur Kultivierung des Bewusstseins, welche einer generellen Abwendung vom Unbewussten gleichkommt. Wir finden sie in der Überschätzung von Messbarkeit und Kontrolle in Wissenschaft und Forschung sowie in einer allgemeinen Anti-Haltung gegen Symbolisches oder gegen verborgenen Sinn. Diese kulturell geprägte Grundhaltung hilft, Größenfantasien zu stabilisieren, die sich als Abwehrbastion gegen narzisstische Kränkungen bilden. Die Faszination, die für viele von künstlichen, grandios aufpolierten Wirklichkeiten ausgeht, gehört ebenfalls dazu.

Das freudsche Konzept der »Ich-Spaltung im Abwehrvorgang« hat für das Verständnis von derartigen Phänomenen unseres heutigen Alltags unmittelbar seine Bedeutung behalten. Ich möchte im Folgenden zeigen, wie eine aktuelle psychoanalytische Theorie der Technik uns einem erweiterten Verständnis ebensolcher Spaltungsvorgänge näher bringen kann.

Kohut hatte zwischen vertikalen und horizontalen Spaltungen unterschieden. Die horizontale Spaltung beschreibt das, was wir üblicherweise Verdrängung nennen; ein psychischer Prozess, der unbewusste von vorbewussten Inhalten trennt. Die vertikalen Spaltungen sind uns weniger geläufig als die horizontale Spaltung der Verdrängung. Zu den vertikalen Spaltungen gehören die Verleugnung und üblicherweise eine Seite, welche die Realität annimmt, während die andere Seite der Realität abgewandt an kindlichen Ansprüchen haftet oder auf sofortiger Befriedigung besteht. Im Fall narzisstischer Verletzung entspräche diese kindliche anspruchsvolle Seite den erwähnten unrealistischen Größenfantasien.

Janine Chasseguet-Smirgel hat gezeigt, dass das Selbstbild bei diesen Patienten entsprechend der Spaltung zweischichtig wird: die nach außen gerichtete hochstaplerische Oberfläche glänzt in goldener Idealisierung und verbirgt das darunter liegende verachtete Nichts. Wenn uns jemand mit dieser Art hochstaplerischem Auftreten begegnet, können wir dahinter die Entwertung erahnen. Im Verlauf einer Analyse wird es darum gehen, dieses Verborgene freizulegen und zu bearbeiten. Zu diesem verborgenen Teil gehören Affekte, die mit unerträglichen und deshalb abgespaltenen Vorstellungen zu tun haben.

Warum aber diese Vorstellungen von wertlosem Nichts oder Dreck? Wie kann ein derartiges Selbstbild entstanden sein?, müssen wir uns fragen. Freud spricht in seiner Arbeit über Ich-Spaltung (1938, S. 59) von einem dieser Art Spaltung immer zugrunde liegenden Trauma: »Die Bedingung hiefür [für den Spaltungsvorgang] kann man allgemein und eher unbestimmt angeben, wenn man sagt, es geschieht unter der Einwirkung eines psychischen Traumas.«

Um den psychischen Mechanismus der Spaltung anhand eines Beispiels zu illustrieren, bezieht sich Freud in seiner Arbeit auf eine mögliche traumatische Wirkung der Kastrationsdrohung auf den Knaben. Er beschreibt, wie dieser in der Folge die Geschlechterdifferenz fantasmatisch als Kastration und Phallus interpretiert und wie er dementsprechend gespaltene Vorstellungen in Bezug auf das weibliche Geschlecht – nämlich mit und ohne Fetisch – generiert und unabhängig voneinander nebeneinander bestehen lässt. Wir können also davon ausgehen, dass dem unerträglichen Selbstbild eines Nichts oder Drecks traumatisches Erleben zugrunde liegen muss; traumatisches Erleben, um dessen Bearbeitung wir uns innerhalb einer Analyse bemühen werden.

In diesem Sinne möchte ich auf die sehr eindrücklichen Beispiele der beiden von Alex Moser beschriebenen Mädchen zu sprechen kommen. Die beiden Vignetten zeigen, wie unterschiedlich Kinder mit der kränkenden ödipalen Situation umgehen können. Warum erscheint dem einen Mädchen der Weg der Reifung so lang und beschwerlich, dass es sich entschließt, seine Entwicklung mit vier Jahren lieber anzuhalten, und warum gelingt es dem zweiten Mädchen, die ödipale Enttäuschung als Herausforderung zu erleben, die ihm zugleich den Weg in seine Zukunft, zu einem eigenen erfüllten Leben eröffnet?

Die Antwort fällt nicht schwer: Das erste Mädchen hat kein Gegenüber, das seine Situation adäquat wahrnimmt, das zweite aber sehr wohl. Dessen Vater sieht die Kränkung seiner kleinen Tochter und hilft ihr, einen Ausweg zu finden. Das Mädchen – obwohl vom elterlichen Paar ausgeschlossen – versinkt nicht untröstlich in seinem Schmerz, sondern transformiert die Realität seiner ödipalen Enttäuschung in einen Ansporn, um für sich eine Zukunftsperspektive des eigenen Wachsens und Lebens zu kreieren. Es findet einen Ausweg aus seinem Dilemma, indem es sich seinem kleinen Kindergartenfreund zuwendet. Der lange Entwicklungsweg ist für dieses Mädchen nicht abschreckend, er zeigt sich auch voller Verheißungen für die Zukunft – das Mädchen kann das so erleben, weil es von seinem Vater in seinem Wachstumspotenzial wahrgenommen wird; möglicherweise auch, weil der Vater in der Lage ist, seiner Tochter innerhalb einer triangulierten Situation ihren Platz zu zeigen, mit andern Worten: weil er selbst fähig ist, triangulierte Beziehungen zu leben.

Im andern Beispiel scheint die Aussage der Mutter »weißt du, ich habe halt *kleine* Mädchen gern« beim Mädchen eine Fixierung zu verursachen. Dass das Mädchen diesen Satz seiner Mutter versteht als »du bist als kleines Mädchen meine perfekte Partnerin«, muss mit einer gemeinsamen Beziehungsfantasie von Mutter und Tochter zusammenhängen. Wir können nur annehmen, dass die Mutter ihre Tochter offenbar – möglicherweise aus einer eigenen ungelösten ödipalen Problematik heraus – als »kleines Mädchen« zu behalten wünscht und sie dadurch in ihrem Heranwachsen nicht unterstützen kann oder will.

Das Hochstaplerische des Mädchens verstehe ich als einen Versuch, die Mutter zu erreichen, dem Objekt der Begierde der Mutter zu entsprechen. Es scheint dabei um eine Kollusion mit den mütterlichen Wünschen in Form eines falschen Selbst zu gehen. Das Kind kann offenbar nicht auf seine Mutter zählen, wenn es der Funktion entwachsen möchte, die es für sie zur Regulierung ihres Gleichgewichts einnehmen muss.

Der amerikanische Psychoanalytiker Hans W. Loewald hat in einer bereits 1956 verfassten Arbeit mit dem Titel »Zur therapeutischen Wirkung der

Psychoanalyse« einen schönen Vergleich zwischen einer wachstumsfördernden Eltern-Kind-Beziehung und einer therapeutisch wirksamen psychoanalytischen Beziehung gezogen. Er schreibt:

> »Die Eltern stehen im Idealfall zum Kind in einer empathischen Beziehung; sie verstehen das jeweilige Entwicklungsstadium des Kindes, sind ihm aber voraus in einer Vision seiner Zukunft, die sie ihm im Umgang mit ihm vermitteln. Diese Vision, die auf der Erfahrung und dem Wissen der Eltern um Wachstum und Zukunft beruht, ist, wiederum im Idealfall, eine deutlichere und stärker integrierte Ausprägung des Seinskerns, welchen das Kind für die Eltern darstellt. Dieses ›Mehr‹, das die Eltern sehen und kennen, vermitteln sie dem Kind, sodass es wachsen kann, indem es sich damit identifiziert. Indem das Kind Aspekte der Eltern verinnerlicht, verinnerlicht es auch das Bild der Eltern vom Kind – ein Bild, das dem Kind auf tausend verschiedene Weisen des körperlichen und emotionalen Umgangs vermittelt wird. Die frühe Identifizierung als Teil der Ich-Entwicklung, die durch die Introjektion mütterlicher Aspekte erreicht wird, schließt die Introjizierung des Bildes ein, das die Mutter vom Kind hat.«

Loewald vergleicht diese ideale elterliche Haltung mit der therapeutischen Haltung des Analytikers und schreibt weiter:

> »In der Analyse wird eine reife Objektbeziehung zu einem bestimmten Patienten aufrechterhalten, wenn sich der Analytiker, je nach den wechselnden Entwicklungsstufen, die dieser zu verschiedenen Zeiten erkennen lässt, auf ihn einstellt, doch stets unter dem Gesichtspunkt potentiellen Wachstums, das heißt der Zukunft.«

Diese Art therapeutische Haltung kommt der Einstellung des Vaters seiner kleinen Tochter gegenüber in der einen Vignette sehr nahe.

Nun zu Aspekten der Spaltung, die ich in Bezug auf technische Fragen näher untersuchen möchte. Die Sicht auf die Darstellung des Grandiosen, Hochstaplerischen, das die dahinter verborgene Kleinheit und narzisstische Kränkung zu camouflieren trachtet, berührt vor allem den Bereich des Diagnostischen. Das ist das, was wir auf den ersten Blick sehen. Dass die Aufhebung solcher Ich-Spaltungen in Therapien nicht durch die schlichte Konfrontation mit dem logischen Gegensatz vonstatten geht, leuchtet ein. Mit solchen Versuchen wäre man auf verlorenem Posten.

Die Analyse einer derartigen Ich-Spaltung kann nur über den Zugang zur narzisstischen Kränkung und deren Ursprung vor sich gehen. Da die psychische Qualität des Objekts dabei eine zentrale Bedeutung einnimmt, steht für die Technik die Bearbeitung der Gegenübertragung heute sehr im Vordergrund. Dabei geht es darum, die Fallen möglicher Retraumatisierungen für den Patienten zu erkennen, innerhalb der Gegenübertragung zu erfassen und deutend so zu transformieren, dass sie dem Prozess dienlich statt hinderlich werden können.

Von daher scheint es mir wichtig hinzuzufügen, dass diese Patienten leicht dazu verführen, dass man sie beschämend retraumatisiert, wenn man »hinter der Fassade« den »Dreck« aufdecken will, was in einen beschämenden »Circulus vitiosus« führen kann. Den Impuls, den Patienten mit dem Verborgenen zu konfrontieren, können wir als Gegenübertragung verstehen, welche einer beschämenden Tendenz entspricht, die zu analysieren ist.

Mit Bearbeitung der Gegenübertragung meine ich aber auch die Transformation des »Drecks« und »Nichts« in tolerier- und integrierbare Gefühle von Kleinheit und Hilflosigkeit. Diese Patienten spielen uns ihre unerträglichen Gefühle in der einen oder anderen Form zu – das Gelingen der Analyse wird unter anderem davon abhängen, ob wir in der Lage sind, sie aufzunehmen und ihnen in einer Form und Dosierung zurückzugeben, die sie integrieren können.

Kränken und Erkranken – beiden Komponenten werden wir in unserem eigenen Erleben mit diesen Patienten begegnen.

Seit Ferenczi wissen wir, dass das Trauma zwei Komponenten hat: Zunächst geschieht etwas, was die psychische Kapazität überfordert, und in der Folge gibt es kein hilfreiches Objekt, das bei der Integration hilft. Ob dieses Objekt als inneres Objekt durch negativ-narzisstische Impulse des Subjekts zum Verschwinden gebracht oder ob es über identifikatorische Prozesse mit dem äußeren unerreichbaren in ein inneres nicht verfügbares Objekt transformiert wurde, möchte ich an dieser Stelle offen lassen.

Das Proto-Trauma schlechthin ist für den französischen Analytiker René Roussillon das Erleben von Verzweiflung und Hilflosigkeit in Gegenwart eines gleichgültigen, unerreichbaren Objekts. Das Objekt als Mauer, unzugänglich, unerreichbar, ohne Resonanz.

Um auf die beschriebene hochstaplerische Struktur zurückzukommen: Diese Patienten begegnen uns mit ihrer großartigen Attitüde zunächst abweisend und unnahbar und vermitteln uns dabei ein Gefühl eigener Nichtigkeit und Bedeutungslosigkeit. Sie lassen uns erleben, was sie hinter ihrer Großartigkeit verbergen: den Dreck, das Nichts, das dem Erleben dieser Nichtbeachtung entspricht. Gespalten wird also auch zwischen einer Identifikation mit dem unerreichbaren, abweisenden Objekt und den Gefühlen des sich in seiner Gegenwart als Nichts, Dreck fühlenden Subjekts. Diese intrapsychische Spaltung etabliert sich in der Folge auch interpsychisch, beispielsweise innerhalb der Übertragungs-Gegenübertragungsbeziehung.

Wenn wir mit Roussillon denken, ist in jeder Traumatisierung die Beziehung zu einem unerreichbaren, abweisenden Objekt enthalten. Im Erleben dieser unüberwindbaren Kluft entsteht aufseiten des Subjekts das Gefühl von Scham. »Ich bin ein Nichts, eine Null, weil ich es nicht schaffe, mein Gegenüber dazu zu bringen, sich mir zuzuwenden«. Das Subjekt fühlt sich vom Objekt in seiner Subjektivität vernichtet – und erlebt sich entsprechend als Nichts. Ich meine, dies komme der Identifikation mit der Negation durch die Unzugänglichkeit des Objekts nahe, von welcher Jacques Press in seinem Beitrag schreibt.

Das Festhalten am Schamgefühl entspricht der aufrechterhaltenen Hoffnung, das Objekt, das dringend zur Integration gebraucht wird, doch noch zu erreichen. »Wenn ich anders, besser wäre, würde sich mein Gegenüber mir zuwenden und mich verstehen.« Der Affekt der Scham entsteht also innerhalb der Kluft zwischen dem Ideal (als Hoffnungsträger) und der Realität des eigenen Wesens (Winnicotts »wahrem Selbst«). Scham hat etwas zu tun mit der Kluft, die einen von einem narzisstischen Objekt trennt, dessen Ansprüchen man nie genügen kann. Sie entspricht der Anspannung, die dem unerfüllten Wunsch entstammt, vom Objekt in den eigenen Bedürfnissen und Impulsen angenommen zu werden.

Bei den Strukturen, von welchen wir sprechen, entspricht das Hochstaplerische der vergeblich aufrechterhaltenen Hoffnung, das Objekt doch noch zu erreichen. Ich meine damit nicht nur die ödipale Hoffnung, sondern auch die Hoffnung, auf einer existenzielleren, basalen Ebene das Objekt zu erreichen, welches das Subjekt zu seiner eigenen Konstituierung braucht.

Wir kennen aus der Analyse mit solchen Patienten die Konstellation von Kastration und Phallus: Entweder sie kastrieren uns per Grandiosität oder sie machen uns zu beschämenden Angreifern, von welchen sie sich ihrerseits kastriert fühlen. Das heißt, die Übertragungs-Gegenübertragungskonstellation gestaltet sich so, dass der verachtete Teil (aus der Kluft stammend) zum Analytiker externalisiert wird oder vice versa beim Analysanden landet.

Gegenübertragung kann dementsprechend ebenso Gefühle der Verachtung beinhalten wie auch Insuffizienzgefühle und Scham. Beide Komponenten können die Basis darstellen für Interpretationen, die dem Analysanden bei der Integration von kränkendem Erleben helfen. In diesem Sinne werden wir zu einer Art neuem Objekt für den Patienten oder besser – um es mit den Worten von Hans Loewald zu sagen: Der Analysand kann so sein Objekt »neu finden«. So wird ein ursprünglich unerreichbares in ein zugängliches, verfügbares Objekt transformiert.

Kränken und Erkranken – beim Hochstapler wären beide Teile präsent: ein kränkender, der der Identifikation mit dem traumatisierenden Objekt entspricht, und ein erkrankter, der mit dem traumatisierten Erleben des Subjekts korrespondiert. Die uns heute zur Verfügung stehende Kenntnis dieser komplexen Zusammenhänge kann uns helfen, für diese Patienten im Wechselspiel von Übertragung und Gegenübertragung zu einem brauchbaren Gegenüber zu werden.

Literatur

Freud, Sigmund (1938): Die Ichspaltung im Abwehrvorgang. GW XVII, S. 59. Frankfurt a. M. (Fischer).

Loewald, Hans W. (1956): Zur therapeutischen Wirkung der Psychoanalyse. In: Psychoanalyse, Aufsätze aus den Jahren 1951–1979, (S. 218–219). Stuttgart (Klett-Cotta) 1986.

Schlusswort

Lucia Pinschewer-Häfliger

Im Mai 2006 ist an vielen Orten der Welt Sigmund Freuds 150. Geburtstag auf verschiedenste Art gefeiert worden. Ein Enkel von Freud, Ernest, hat einmal erzählt, dass Freud an seinen Geburtstagen seine Enkel zu beschenken pflegte. Mir scheint, dass Freud hier und jetzt seine Gepflogenheit fortsetzt.

Ich meine dies so: An diesem Symposion »Unterwelt in Aufruhr« haben alle Referentinnen und Referenten Themen aus Freuds Gedankenschatz aufgenommen, befragt oder neu bearbeitet, ganz nach dem Motto von Goethe: »Was Du ererbt von deinen Vätern hast, erwirb es, um es zu besitzen.« Die Beiträge zeigten deutlich, dass der Erbschatz von Freud beträchtlich und bis in die heutigen Tage fruchtbar ist.

Nach meiner Einschätzung haben die Lebendigkeit und der Reichtum der Psychoanalyse, wie wir sie an diesem Symposion erlebt haben, einerseits mit unserem heutigen Denken und anderseits mit den Denkleistungen des Gefeierten zu tun. Zu letzteren gehören zwei Verdienste Freuds, die ich als wesentlich hervorheben möchte.

Erstens hat er eine für die Seele maßgeschneiderte Technik zur Erforschung des sonst unzugänglichen Unbewussten entdeckt. Diese Technik dient der Heilung, begründet gleichzeitig die Forschertätigkeit in der psychoanalytischen Sitzung, und ebendiese Technik ist zudem Vorbild für die Theoriebildung. Anders ausgedrückt: Es ist die psychische Arbeit des Forscherpaares Analytiker-Analysand in den Sitzungen, welche heilend wirkt. Diese psychische Arbeit basiert auf einem komplexen Zusammenspiel der beiden Protagonisten, welches Freud durch die Grundregeln installiert hat. Aufseiten des Analysanden handelt es sich um die freie Assoziation, aufseiten des Analytikers um die gleichschwebende Aufmerksamkeit und das Funktionieren des unbewussten Gedächtnisses.

Dieses Zusammenspiel ist auch das Vorbild für die psychische Tätigkeit des Analytikers bei der psychoanalytischen Theoriebildung. So wie dort der Analytiker in der Sitzung alles Material, das der Analysand vorbringt und alle eigenen Einfälle mit gleichschwebender Aufmerksamkeit besetzt, so besetzt der theoriebildende Analytiker alle Erfahrungen, die er (und andere Analytiker) in der Arbeit mit den Analysanden gewonnen haben, mit gleichschwebender Aufmerksamkeit. Seine Einfälle aus dem Unbewussten (die Spekulation) heißt er ebenso willkommen wie in der analytischen Situation. Dem Einfall des Analytikers aus dem unbewussten Gedächtnis während der analytischen Sitzung entspricht diese exquisit psychoanalytische Art von Spekulation in der Theoriebildung. Vom Vorbild her wird verständlich, dass Freud von der Theoriebildung sagt, dass sie nicht nur der Niederschlag der fortgesetzten analytischen Erfahrung sei, sondern auch der Spekulation entspringe.

Zweitens will ich Merkmale von Freuds Forschertätigkeit hervorheben. Für die aufmerksamen Leser seiner Schriften hat er stets zuverlässig angegeben, welche seiner Aussagen auf Beobachtung fußen, wo er Annahmen, wo er Schlussfolgerungen macht und welche Theorieteile der Spekulation entsprungen sind. Er besaß zudem die Forschergabe, sich nicht voreilig seines Gegenstands zu bemächtigen. Im Gegenteil, er war ein begabter und ausdauernder Beobachter, ein wunderbarer Zuhörer, wie Ludwig Binswanger erzählte. Er konnte über lange Zeiträume hinweg im beobachtenden Forschen bleiben, eine Höchstzahl von Gesichtspunkten innerlich besetzt halten, die Spannung des Nichtverstehens aushalten – sei es in den psychoanalytischen Behandlungen, sei es in seiner Theoriebildung –, bis sich ihm das Versteckte, das Undenkbare, das oft zuerst Unerwünschte in Ansätzen kundtat oder endlich in voller Klarheit zeigte.

Freud stellte die Wahrheitsliebe über alle anderen seiner Bestrebungen und verfügte über ein außergewöhnliches Maß an Mut. Die Wahrheitsliebe gehört zu den psychoanalytischen Grundregeln und gilt für den Analysanden wie für den Analytiker. Sie hat ihre Wurzeln in allen Schichten der Psyche. Sie manifestiert sich in der Realitätsprüfung und schließlich in der Anerkennung der äußeren wie der inneren Realität. Kann die Wahrheitsliebe als eine Funktion des Ichs verstanden werden, bezeichnet der Mut des Forschers die spezifische Triebkomposition eines funktionierenden Forschertriebs.

Die Erforschung dieser komplexen psychischen Kapazitäten und deren

Störungen hat Freud während seiner eigenen langen Forschertätigkeit stets vorangetrieben und uns davon in seinen Schriften einen beträchtlichen Fundus hinterlassen. Vieles, aber lange nicht alles von dem, was er erkennen konnte, hat er uns schriftlich überliefert. Freud hat den Ausspruch von Goethe mehrfach zitiert: »Das Beste was Du weißt, kannst Du den Buben doch nicht sagen«. So hat er uns nicht nur viel vererbt, was es zu erwerben gilt, sondern auch vieles zur Erforschung überlassen, was bei ihm nur angedeutet ist oder wofür seine Lebenskapazitäten nicht ausgereicht haben.

Die Psychoanalyse ist als Technik zur Behandlung, als Technik zur Forschung und zur Theoriebildung in genialer Weise durch seinen Begründer installiert worden. Sie ist und bleibt aber nur dank unseren Anstrengungen, dank unserem Denken und Forschen lebendig.

Es ist viel, was an diesem Symposion berührt und aufgerührt hat, bereichert, nachdenklich stimmt, zu Kritik aufruft. Viel ist in der Vorbereitung und an diesen zwei Tagen gedacht worden. In der deutschen Sprache haben die zwei Verben »denken« und »danken« die gleiche Sprachwurzel. »Danken« bedeutete ursprünglich »denken« und »gedenken«. Unser Denken an diesem Symposion ist das Geburtstagsgeschenk der Enkel und Urenkel von Freud, ist unser Dank an den mutigen Forscher, den genialen Begründer der Psychoanalyse.

Dass dieser Geschenkaustausch anlässlich des 150. Geburtstages von Freud stattfinden konnte, verdanken wir der Initiative des Freud-Institutes Zürich und der mit Sorgfalt, mit Liebe besetzten großen Arbeit der Tagungsorganisatorinnen. Ihnen sei in unser aller Namen für diesen Anlass ganz herzlich gedankt.

Autoren und Autorinnen

Dieter Bürgin, Prof. Dr. med., emeritierter ordentlicher Professor für Kinder- und Jugendpsychiatrie an der Universität Basel, Ausbildungsanalytiker der SGPsa/IPA, ehemaliger Präsident der SGPsa; über 300 Publikationen, u.a. »Das Kind, die lebensbedrohende Krankheit und der Tod« (Huber 1978); arbeitet in freier Praxis in Basel.

Betty Denzler, Dr. méd., Ausbildungsanalytikerin SGPsa/IPA, ehemalige Präsidentin der SGPsa, Mitglied des Sigmund-Freud-Zentrums Bern, ehemalige Generalsekretärin der EPF, heute in den IPA-Komitees für Istanbul, Belgrad und Amsterdam; Publikationen in diversen psychoanalytischen Fachzeitschriften in deutscher, französischer, englischer und italienischer Sprache, u.a. zum Narzissmus, zur Technik und zu Fragen der psychoanalytischen Ausbildung; arbeitet in freier Praxis in Neuchâtel.

Georges-Arthur Goldschmidt, Schriftsteller, Verfasser von Erzählungen, Romanen und Essays in französischer und deutscher Sprache, u.a. »Als Freud das Meer sah« (Ammann 1999), sowie Übersetzer deutschsprachiger Autoren ins Französische, u.a. Goethe, Stifter, Nietzsche, Kafka, Benjamin und Handke; internationale Auszeichnungen, u.a. Geschwister-Scholl-Preis, Ludwig-Börne-Preis, Goethe-Medaille, Joseph-Breitbach-Preis; lebt und arbeitet in Paris.

Charles Mendes de Leon, Dr. med., Ausbildungsanalytiker SGPsa/IPA, Mitglied des Freud-Instituts Zürich (FIZ), Verfasser von Gedichtbänden sowie von Publikationen über das Verhältnis vom psychoanalytischen Deutungsvorgang zum poetischen Denken; Internet-Publikation eines Glossars zum Werk von Sigmund Freud unter www.FvAbZ.ch; arbeitet in freier Praxis in Zürich.

Alexander Moser, Dr. med., Ausbildungsanalytiker SGPsa/IPA, ehemaliger Präsident der SGPsa, Mitglied des Freud-Instituts Zürich (FIZ); arbeitet in freier Praxis in Zürich.

Michel de M'Uzan, Dr. méd., Ausbildungsanalytiker der Société Psychanalytique de Paris SPP/IPA, 1968 bis 1972 Direktor des Pariser Instituts der SPP, Mitbegründer des Institut de Psychosomatique de Paris (IPSO); Publikationen zu Fragen der Psychosomatik, der Identität, der Sexualität, der Deutungstätigkeit des Analytikers und der künstlerischen Prozesse in der Psychoanalyse, u.a. »Aux confins de l'identité« (Gallimard 2005); arbeitet in freier Praxis in Paris.

Lucia Pinschewer-Häfliger, lic. phil., Ausbildungsanalytikerin der SGPsa/IPA sowie Ausbildungsanalytikerin für Kinder und Jugendliche der SGPsa, Vizepräsidentin der SGPsa, Präsidentin des Sigmund-Freud-Zentrums Bern; Interessensschwerpunkt: das Forschen des Analytikers in der analytischen Sitzung; arbeitet in freier Praxis in Bern.

Jacques Press, Dr. méd., Ausbildungsanalytiker SGPsa/IPA, Mitglied des Institut de Psychosomatique de Paris (IPSO), Präsident der Association Genevoise de Psychosomatique (AGEPSO), Preisträger des Prix Pierre Marty de Psychosomatique und des wissenschaftlichen Preises der SGPsa; Publikationen zur Psychosomatik, zum Trauma, zur Konstruktionsarbeit des Analytikers und zur Freud-Ferenzci-Kontroverse, u.a. »La perle et la grain du sable« (Delachaux et Niestlé, 1999); arbeitet in freier Praxis in Genf.

Wolfgang Roell, Dr. phil., Psychoanalytiker SGPsa/IPA, ehemaliger Sekretär der SGPsa, Mitglied des Freud-Instituts Zürich (FIZ), Dozent am Freud-Institut Zürich und in der postgradualen Weiterbildung in psychoanalytischer Psychotherapie an der Universität Zürich; Interessensschwerpunkte: psychoanalytische Konzepte der Behandlungsbeziehung, psychoanalytische Entwicklungspsychologie, Therapieforschung und Psychoonkologie; arbeitet in freier Praxis in Zürich.

Eva Schmid-Gloor, lic. phil., Ausbildungsanalytikerin SGPsa/IPA, Mitglied des Freud-Instituts Zürich (FIZ), ehemalige Leiterin des Freud-Instituts Zürich, ehemalige Vizepräsidentin der SGPsa; Publikationen zur psychoanalytischen Technik und zur transgenerationellen Übermittlung und deren Resonanz im Übertragungs- und Gegenübertragungsgeschehen; arbeitet in freier Praxis in Zürich.

Giovanni Vassalli, Dr. theol., Ausbildungsanalytiker SGPsa/IPA, Mitglied des Freud-Instituts Zürich (FIZ), Mitglied der Ethikkommission der SGPsa; Interessensschwerpunkte: Psychoanalyse und Wissensgeschichte; Publikation: »Skizze einer Epistemologie der Psychoanalyse aus der Technik« (Zeitschrift Psyche, Juni 2005); arbeitet in freier Praxis in Zürich.

Wolfgang Walz, Dr. med., Psychoanalytiker SGPsa/IPA, Vorstandsmitglied der SGPsa, Mitglied des Freud-Instituts Zürich (FIZ), Mitbegründer des Psychoanalytischen Seminars Konstanz und der Weiterbildungsgemeinschaft Psychoanalyse Bodensee (WBPsa); arbeitet in freier Praxis in Kreuzlingen und in Radolfzell am Bodensee.

May Widmer-Perrenoud, lic. psych., Psychoanalytikerin SGPsa/IPA, Mitglied des Freud-Instituts Zürich (FIZ), Publikationen zur Weiblichkeit und zum Trauma; arbeitet in freier Praxis in Zürich.

Herausgeberinnen

Yvonne Frenzel Ganz, lic. phil., Dipl.-Päd., Psychoanalytikerin SGPsa/IPA, Mitglied des Freud-Instituts Zürich (FIZ); arbeitet in freier Praxis in Zürich.

Bianca Gueye, Dr. med., Psychoanalytikerin SGPsa/IPA, Mitglied des Freud-Instituts Zürich (FIZ); arbeitet in freier Praxis in Zürich.

Annemarie Andina-Kernen, Dr. phil., Psychoanalytikerin SGPsa/IPA, Mitglied des Freud-Instituts Zürich (FIZ); arbeitet in freier Praxis in Zug.

April 2006 · 198 Seiten · Broschur
EUR (D) 19,90 · SFr 34,90
ISBN 3-89806-387-9

April 2006 · 568 Seiten · Broschur
EUR (D) 39,90 · SFr 69,–
ISBN 3-89806-543-X

Lili Gast: Erkenntnislust zwischen Libido und Lebensnot

Tanja Göttken: Auf den Spuren des Wunsches bei Freud

Stefan Simon Schröder: Ursprung und Übersetzung

Christoph Bialluch: Pro Regression

Bernd Niemeyer: »...ein gewisses Maß an Unbestimmtheit...«

Cora Friedrich: Evolutionstheoretisches und biologisches Denken in der Psychoanalyse

Elisabeth Fink: Wiederfindung als Erfindung

Susanne Ruf: Der primäre Neid – die eigene Sprengung im Bild des anderen

Lisa Wolff: Denn am Anfang war der Mord

Hanna Knapp: Poesie der Konflikte – Psychoanalyse und Avantgarde

Paul Roazen zeichnet ein genaues Bild Sigmund Freuds. Er geht den Einflüssen von Kindheit und Jugend nach, von Umgebung und Familie, er zeigt Freud, den leidenschaftlich Liebenden und den leidenschaftlich Hassenden, als Arzt und Forscher: das Genie und den Wiener Bürger des 19. Jahrhunderts. Hunderte von Interviews mit über siebzig Personen, die Freud kannten – Patienten, Kollegen, Familienmitglieder –, unveröffentlichte Aufzeichnungen aus dem Nachlass des Freud-Biografen Ernest Jones sowie genaue Kenntnisse psychoanalytischer Theorie und Praxis sind die Grundlagen dieser groß angelegten Darstellung.

»Aus zahllosen Gesprächen und seiner eigenen Kenntnis analytischer Theorie rekonstruiert der Autor eine lebendige Geschichte, dramatisch, einsehbar: ein höchst gelungenes Unternehmen.«
(Book Week)

Psychosozial-Verlag

Goethestr. 29 · 35390 Gießen · Tel. 0641/9716903 · Fax 77742
bestellung@psychosozial-verlag.de
www.psychosozial-verlag.de

August 2006 · 212 Seiten · Broschur
EUR (D) 34,90 · SFr 60,–
ISBN 3-89806-569-3 · 978-3-89806-569-6

2005 · 210 Seiten · gebunden
EUR (D) 29,90 · SFr 52,–
ISBN 3-89806-412-3 · 978-3-89806-412-5

Den Ausgangspunkt dieses Buches bilden 16-Millimeter-Amateurfilme, die der Psychoanalytiker Philip Lehrman in den 20er Jahren des letzten Jahrhunderts während seiner Analyse bei Freud drehte und aus denen ein von ihm kommentierter Dokumentarfilm entstand. Fast 50 Jahre nach Lehrmans Tod veröffentlicht seine Tochter Lynne Lehrman Weiner die Transkription des Filmes sowie eine Auswahl zentraler Standfotos in Form eines Text- und Bildbandes. So entsteht ein sehr persönlicher Einblick in Persönlichkeiten der klassischen Psychoanalyse und »ihr« Europa der 20er Jahre. Ergänzend geben Kurzbiografien sowie Essays internationaler Psychoanalytiker einen Überblick über die Geschichte der Psychoanalyse in Berlin, Wien, Frankreich, London, Budapest sowie New York.

Edward Bibring (1894–1959) gehörte zu der kleinen Gruppe von Wiener Analytikern, die nach dem Ersten Weltkrieg eng mit Freud zusammenarbeiteten; unter anderem war er Herausgeber der »Internationalen Zeitschrift für Psychoanalyse«. Als begeisterter Fotograf gelangen ihm in diesem Kreis seltene persönliche Aufnahmen u. a. von Anna Freud, Melanie Klein, Edward Glover, Marie Bonaparte, Helene Deutsch, Paul Federn, Michael Balint, Sandor Ferenczi, Otto Fenichel und vielen anderen.

Die meisten Fotografien entstanden im Rahmen psychoanalytischer Kongresse und werden hier zum ersten Mal veröffentlicht.

Psychosozial-Verlag

Goethestr. 29 · 35390 Gießen · Tel. 0641/9716903 · Fax 77742
bestellung@psychosozial-verlag.de
www.psychosozial-verlag.de

Mai 2007 · ca. 250 Seiten · gebunden
EUR (D) 24,90 · SFr 43,–
ISBN 3-89806-457-3

2006 · 185 Seiten · Broschur
EUR (D) 19,90 · SFr 34,90
ISBN 3-89806-497-2

Die Psychoanalyse als etablierte Wissenschaft und weltweit anerkanntes therapeutisches Verfahren kann auf eine lange Erfolgsgeschichte zurückblicken, ist heute kaum noch wegzudenken. Sie steckt jedoch in einer tiefen Krise, wie z. B. die weltweit sinkende Zahl der Ausbildungskandidaten zeigt. Wirth arbeitet Freuds Bedeutung für das Bewusstsein der Moderne heraus und deutet die Identitätskrise der Psychoanalyse als Chance für den Entwurf eines modernen Menschenbildes, zu dem eine kulturkritisch versierte Psychoanalyse Entscheidendes beizutragen hat.

Eine kritische und anregende Würdigung zum 150. Geburtstag von Sigmund Freud! Gut und lebendig geschrieben liefert Wirth nicht nur eine aktuelle Bestandsaufnahme der Psychoanalyse, sondern auch für Interessierte einen verständlichen Einstieg.

Fromm weist die seiner Meinung nach wichtigsten Entdeckungen Freuds im Einzelnen auf. Er zeigt, wo und in welcher Weise das für Freud charakteristische bürgerliche Denken seine Entdeckungen eingeschränkt und manchmal wieder verdeckt hat. Diese wissenschaftstheoretisch brisante Auseinandersetzung Fromms mit Freud zeigt die Tragweite der psychoanalytischen Entdeckungen und würdigt gerade darin die Psychoanalyse. Zugleich ist sie eine hervorragende Einführung in Fromms eigenes psychoanalytisches Denken.

P⊞V Goethestr. 29 · 35390 Gießen
Psychosozial-Verlag

Wir haben Ihr Interesse geweckt? Das freut uns!
Sie erhalten unsere Bücher in jeder Buchhandlung oder direkt unter www.psychosozial-verlag.de

www.ingramcontent.com/pod-product-compliance
Ingram Content Group UK Ltd.
Pitfield, Milton Keynes, MK11 3LW, UK
UKHW041947230426
12048UKWH00008B/191